Walter Baier/Peter Brandt/Lühr Henken/
Uwe Hiksch/Barbara Majd-Amin/
Michael Müller/Peter Wahl u.a.

Krieg bis zur Erschöpfung

Walter Baier/Peter Brandt/Lühr Henken/
Uwe Hiksch/Barbara Majd-Amin/Michael Müller/
Peter Wahl u.a.

Krieg bis zur Erschöpfung?

Gegen Aufrüstung und Militarisierung

VSA: Verlag Hamburg

www.vsa-verlag.de

Gefördert durch transform! europe.
Das Netzwerk wird teilweise aus Mitteln
des Europäischen Parlaments finanziert.

www.transform-network.net

Druck- und Buchbindearbeiten: CPI books GmbH, Leck
ISBN 978-3-96488-167-0

Inhalt

Welcher Frieden?

Uwe Hiksch / Michael Müller

Für eine Kultur des Friedens

Der Krieg spaltet die Welt

Russlands Angriffskrieg auf die Ukraine ist völkerrechtswidrig und nicht zu rechtfertigen. Wie Theodor Adorno in seinen »Reflexionen eines beschädigten Lebens« festgestellt hat, gibt es nichts Gutes im Falschen. Krieg ist falsch. Der Krieg in der Ukraine ist mehrfach falsch:

- Er geht zulasten der Menschen, vor allem in der Ukraine,
- er ist ein Weltordnungskrieg, bei dem es nicht um Kooperation, sondern um Dominanz und Macht geht,
- er ist ein Stellvertreterkrieg,
- er spaltet die Welt,
- er ist ein Aufrüstungskrieg und
- er verrät die europäische Friedens- und Entspannungspolitik.

Und es ist ein Krieg, der zu einem neuen großen Krieg werden kann. Statt nach diplomatischen Initiativen für einen Frieden zu suchen, ist der ukrainische Präsident Wolodymyr Selenskyj kräftig dabei, die NATO-Staaten mit immer neuen Waffenforderungen unmittelbar in den Krieg hineinzuziehen. Statt sich auf die »Charta von Paris für ein neues Haus Europa« zu besinnen, werden die Chancen einer gesamteuropäischen Friedensordnung zerstört. Die Bellizisten haben das Sagen.

Aus dem Krieg ist ein zermürbender Stellungskrieg geworden. Rund 1,5 Millionen Soldaten und Mitglieder paramilitärischer Einheiten stehen sich in der Ukraine gegenüber. Nach US-amerikanischen Schätzungen sind auf beiden Seiten bis Ende des letzten Jahres bereits rund 100.000 bis 120.000 Kämpfer gefallen oder schwer verwundet worden, von den Opfern unter den Zivilisten gar nicht zu reden.

Auf beiden Seiten ist es zu Kriegsverbrechen gekommen. Der Krieg ist kein Computerkrieg, er ist harte Wirklichkeit und bedeutet: jeden Tag mehr Zerstörung, mehr Leid und mehr Tote. Verdun, der schreckliche Todesort einer der längsten und verlustreichsten Schlachten des Ersten Weltkrieges, heißt heute Bachmut. Krieg hat keine Grenze in sich.

Und der Krieg findet unter dem Atomschirm Russlands statt. Jeden Tag wächst die Gefahr der Eskalation und Ausweitung. Der Krieg ist eine Katastrophe für die Menschen, eine Katastrophe für die Ukraine und eine Katastrophe auch für Russland, eine Katastrophe für Europa und ein weiteres Kainsmal in der europäischen Geschichte mit weitreichenden Folgen auch für arme Weltregionen, die unter Lebensmittelknappheit und steigenden Energiekosten leiden. Insgesamt, so schätzen die Vereinten Nationen, sind 1,7 Milliarden Menschen betroffen.

Aus der europäischen Geschichte wissen wir, wie schwer das Wichtigste überhaupt im Krieg ist, nämlich Frieden zu schaffen. Die Ost- und Entspannungspolitik war eine deutsche Initiative, die letztlich zur deutschen Einheit und zur Überwindung der europäischen Spaltung geführt hat. Und wir wissen auch, welche Hindernisse und Widerstände auf diesem Weg überwunden werden mussten.

Der Krieg in der Ukraine zerreißt einen

Die alte Hassliebe auf Russland ist wieder da, so als hätte es das historische Jahr 1990 nicht gegeben, als Michail Gorbatschow es möglich gemacht hat, dass die Mauer gefallen ist, ohne dass ein Schuss abgegeben wurde, dass sich die sowjetischen Truppen ohne Verzögerung aus der DDR zurückgezogen haben, und dass sich der Warschauer Pakt aufgelöst hat.

Aber was ist aus den Versprechen geworden, die Helmut Kohl sowie die Außenminister Deutschlands, der USA, Frankreichs und Großbritanniens 1990 Gorbatschow gegeben haben, dass es nicht zu einer Ost-Erweiterung der NATO ohne Zustimmung Moskaus kommen würde. Und was ist aus der »Charta von Paris für ein neues Europa« geworden, die so viele Hoffnungen bei allen Menschen in Europa geweckt hat.

Versprochen, gebrochen. Beschlossen, vergessen. In den letzten 33 Jahren haben alle drei Hauptverantwortlichen in Moskau, der Generalsekretär der KPdSU, Michail Gorbatschow, und die beiden russischen Staatspräsidenten Boris Jelzin und Wladimir Putin, vor der NATO-Osterweiterung gewarnt, weil sich Russland in seiner Sicherheit bedroht sah. Dennoch gab es fünf Erweiterungsrunden, sodass mit den im Jahr 2008 beschlossenen Erweiterungsverhandlungen mit der Ukraine, Moldau und Georgien die NATO wie nie zuvor auf der Türschwelle Russlands stehen würde – Russland, das nach einer bitterbösen Bemerkung von US-Präsident Barak Obama nur noch eine »Regionalmacht« sei.

Wer erinnert sich da nicht an die dramatische Cuba-Krise von 1962, als die UdSSR auf Bitten Fidel Castros Atomwaffen vor der Haustür der USA stationieren wollten. Die Welt stand am Rande eines Atomkrieges. Damals hörte US-Präsident John F. Kennedy nicht auf seine Sicherheitsberater, die einen militärischen Gegenschlag befürworteten, sondern suchte den direkten Kontakt mit Nikita Chruschtschow. Es kam zu einer Verständigung zwischen den beiden Supermächten. Russland zog sich aus Cuba zurück, die

USA verzichteten auf Raketen in der Türkei, ein »Rotes Telefon« wurde eingerichtet. Ein Jahr später, 1963, trugen Willy Brandt und Egon Bahr in der Akademie von Tutzing erstmals ihre Vorstellungen für eine Friedens- und Entspannungspolitik vor.

Gegen die neuen Bellizisten

Doch heute geht es in der öffentlichen Debatte in Politik und Medien, wenn überhaupt, nicht in erster Linie um die Suche nach Wegen zu einem Waffenstillstand und Frieden in der Ukraine, sondern sie dreht sich vor allem um leichtfertige, weltfremde und geschichtslose Spekulationen, wie Russland und Putin besiegt werden können. Die Waffenfirmen machen vor diesem Hintergrund Milliardengewinne.

Wir haben keinen Grund, die nationalistisch-imperiale Politik von Putin zu verteidigen, aber die Militanz in der deutschen Debatte kann keine Antwort darauf sein. Doch die Bellizisten haben Oberwasser. Die weltweiten Militärausgaben liegen heute höher denn je, und sie werden in den nächsten Jahren vor allem in den Industriestaaten massiv weiter steigen.

In der globalen Rangfolge entfallen 75% allein auf die ersten zehn Länder. An der Spitze liegen mit weitem Abstand die USA, mit rund 32% des Gesamtbudgets. Sollten die weiteren Aufrüstungspläne für die Bundeswehr umgesetzt werden, rückt Deutschland von Platz sieben auf Platz vier vor. Unser Land hätte dann die weitaus höchsten Militärausgaben in Europa. Einfach nur verrückt.

Russland ist eine Atommacht, die nach Angaben des schwedischen Friedensforschungsinstituts SIPRI über 6.255 Atomwaffen verfügt, von denen rd. 1.600 einsatzbereit sind. Der Besitz von Atomwaffen erfordert ein neues Denken, aber das scheint es nicht zu geben, obwohl es dringend geboten ist. Auch konventionell ist Russland hochgerüstet, das Land hat über rd. 3,2 Millionen mobilisierbare Soldat*innen sowie paramilitärische Einsatztruppen.

Jürgen Habermas hat Recht mit seiner Warnung, dass Europa in einen immer größeren Krieg hineinschlittern kann, ein Krieg, der weit über Europa hinausgehen kann. Wie wenig die öffentliche Debatte auf derart berechtigte Warnungen mit Ernst reagiert, zeigt der Shit-Storm, mit dem einer der größten Philosophen unserer Zeit überschüttet wird. Sind wir nicht fähig, eine so existenzielle Frage vernünftig und sachgerecht zu debattieren?

Aber viele wollen die Warnungen nicht hören, sie sind kriegsbesoffen und wollen scheinbar nichts anderes, als auf den Knopf drücken, um dem Putinismus und Russland, das größte und ressourcenreichste Land der Erde, den Garaus zu machen. Noch nie haben sich die Ideologen des Westens so überhöht, obwohl sie doch alles andere als eine weiße Weste haben. Die Betroffenen der Konfrontation sind die Menschen in der Ukraine, auch die Soldat*innen auf beiden Seiten, die in der unerbittlichen Kriegsmaschine gefangen sind.

Der Kampf um die Weltordnung

Der Ukraine-Krieg ist nicht zuletzt ein Weltordnungskrieg. China und Indien steigen zu neuen Weltmächten auf, die USA sehen sich in ihrer Vormachtstellung gefährdet. Diese Konkurrenz ist der stärkste Treiber für die Militarisierung der Welt, weil auch die USA nicht zu einer fairen Zusammenarbeit fähig sind, und es auch nicht sein wollen, so jedenfalls die Sichtweise der Kalten Krieger, die in den letzten Jahren in Washington immer mehr Einfluss gewonnen haben.

Die Rolle der NATO ist ebenfalls kritisch zu sehen, denn sie wird mehr und mehr zum Treiber der Außenpolitik, obwohl es doch umgekehrt sein müsste. Die USA spielen hierbei die entscheidende Rolle. Mehr noch: Im Schatten des Ukraine-Kriegs hat der NATO-Rat in Madrid das Konzept »NATO 2030« beschlossen, wodurch die 1949 als nordatlantisches Verteidigungsbündnis gegründete NATO faktisch zu einer globalen Militärmacht werden soll.

Die großen Ideen der Vereinten Nationen aus den 1980er-Jahren spielen heute, obwohl sie wichtiger sind denn je, kaum eine Rolle mehr. Die drei Berichte über eine faire Nord-Süd-Zusammenarbeit, über eine Gemeinsame Sicherheit sowie über Nachhaltigkeit, die als eine Einheit verstanden werden müssen, sind folgenlose Ankündigungen geblieben. Die Idee der Gemeinsamkeit spielt heute keine Rolle mehr, obwohl die zusammengewachsene Welt mehr denn je auf sie angewiesen ist.

Die Autor*innen dieses Buches plädieren für einen schnellen Waffenstillstand in der Ukraine und für eine neue europäische Friedensarchitektur. Das sind die Voraussetzungen für ein friedliches Europa und eine friedliche Welt. Wir dürfen nicht vergessen, dass nicht nur die Ukraine ein Kriegsschauplatz ist. Die Welt braucht eine Kultur des Friedens. Wie sonst sollen

- die Klimakrise bewältigt,
- erbitterte Verteilungskämpfe um knapp werdende Ressourcen verhindert,
- die großen sozialen Ungerechtigkeiten überwunden werden?

Was wir brauchen, ist ein friedliches Zusammenleben der Menschen, um die großen Herausforderungen der Zukunft zu lösen. Darum geht es. Wie heißt es bei Immanuel Kant: »Habe Mut, Dich Deines eigenen Verstandes zu bedienen.«

Ukraine-Krieg und Weltneuordnung

Martin Hantke

Zum Krieg in der Ukraine

Einleitung

Der völkerrechtswidrige Angriff Russlands auf die Ukraine am 24. Februar 2022 lässt sich ohne die beiden Vorgeschichten des Krieges nicht verstehen. Dabei tragen die Vorgeschichten, die keine Rechtfertigungen des russischen Angriffskrieges sind, aber ohne die der Krieg nicht begreiflich ist, bereits die Entwicklung des Ukraine-Krieges in sich – hin zu einem Stellvertreterkrieg der NATO gegen Russland auf ukrainischem Boden sowie zu einem Weltwirtschaftskrieg der USA und der EU mittels Sanktionen, die auf eine Verschlechterung der ökonomischen Lage der Bevölkerung in Russland zielen, aber in erster Linie die Verelendung großer Teile der Bevölkerung in der EU riskieren und als Kollateralschaden die wirtschaftliche Lage im Globalen Süden massiv verschlechtern.

Festzuhalten bleibt, dass dieser Krieg allein im ersten halben Jahr Zehntausende Tote auf beiden Seiten gekostet hat, und sowohl Russland als auch der Ukraine gravierende Verletzungen des humanitären Kriegsvölkerrechts vorgeworfen werden. Es gehört zur medial weit verbreiteten Kriegspropaganda in Deutschland mittlerweile hinzu, dass all diejenigen, die es wagen, auch nur auf diese Vorgeschichten hinzuweisen, oder die sich für einen sofortigen Waffenstillstand einsetzen und ein Ende des gerade für die große Mehrheit in Deutschland ruinösen Wirtschaftskrieges einfordern, als Putin-Getreue verunglimpft werden.

Diese Kriegspropaganda radikalisiert sich in zunehmenden Maßen und gipfelt in einem neuen Militarismus, der auf eine direkte Beteiligung Deutschlands an einem Krieg gegen die Atommacht Russland zielt, und auf eine Mobilmachung auch gegen einen inneren Feind ausgerichtet ist, dessen Konstruktion notwendigerweise die halluzinierte Zusammenarbeit mit dem äußeren Feind zur Voraussetzung hat. Durch die Kriegspropaganda wird der behauptete Liberalismus identisch mit dem Gegenstand seiner Kritik und droht totalitäre Züge anzunehmen. Jede auf Frieden zielende Analyse von Kriegsursachen darf sich notwendigerweise nicht von der Kriegspropaganda einschüchtern lassen und muss dem Ruf nach militaristischer »Opferbereitschaft« (Marie-Agnes Strack-Zimmermann) entgegentreten.

Vorgeschichte Nr. 1: Gebrochene Versprechen und die Erweiterung der NATO

Um dem aus dem faschistischen deutschen Angriff auf die Sowjetunion erwachsenen Trauma vom 22. Juni 1941 einer unmittelbar an seinen Grenzen und in der Nähe der großen Bevölkerungszentren befindlichen feindlichen Macht vorzubauen, hatte die späte Sowjetunion, wie auch ihr Nachfolgestaat, die Russische Föderation, darauf gesetzt, dass ein Abzug der sowjetischen bzw. russischen Truppen etwa aus dem Gebiet der Deutschen Demokratischen Republik verknüpft werden sollte mit dem Versprechen, die NATO nicht nach Osten zu erweitern. So konnte zwar auch das vereinigte Deutschland NATO-Mitglied bleiben, für das Gebiet der ehemaligen DDR aber wurden weitreichende Einschränkungen der NATO-Mitgliedschaft Deutschlands vereinbart, die insbesondere eine Stationierung von »Kernwaffenträgern« wie die Stationierung »ausländischer Streitkräfte« dort untersagen.

In Artikel 5 Absatz 3 des Zwei-plus-vier-Vertrages (1990) heißt es unmissverständlich: »Nach dem Abschluß des Abzugs der sowjetischen Streitkräfte vom Gebiet der heutigen Deutschen Demokratischen Republik und Berlins können in diesem Teil Deutschlands auch deutsche Streitkräfteverbände stationiert werden, die in gleicher Weise militärischen Bündnisstrukturen zugeordnet sind wie diejenigen auf dem übrigen deutschen Hoheitsgebiet, allerdings ohne Kernwaffenträger. Darunter fallen nicht konventionelle Waffensysteme, die neben konventionellen, andere Einsatzfähigkeiten haben können, die jedoch in diesem Teil Deutschlands für eine konventionelle Rolle ausgerüstet und nur dafür vorgesehen sind. Ausländische Streitkräfte und Atomwaffen oder deren Träger werden in diesem Teil Deutschlands weder stationiert noch dorthin verlegt.«

Diese Vertragsbestimmungen wurden allerdings durch die NATO und USA in den Jahren 2020 und 2021 durch weitreichende Militärmanöver unter dem Kommandonamen »Defender« mit massiver Beteiligung von US-Streitkräften auf dem Gebiet der ehemaligen DDR missachtet. Statt einer Stationierung wird vonseiten der NATO mit der Fiktion regelmäßiger massiver Militärmanöver gearbeitet, die einer Stationierung gleichkommen und das Gebiet der ehemaligen DDR als Nachschubraum bzw. Aufmarschgebiet gegenüber Russland für NATO-Streitkräfte nutzen. Was die Ausdehnung der NATO über das Gebiet der ehemaligen DDR angeht, gab es zahlreiche mündliche Versprechungen, die NATO nicht auf Staaten des ehemaligen Warschauer Paktes oder auf das Gebiet von ehemaligen Föderationssubjekten der Sowjetunion auszudehnen. Dieses Versprechen wurde vonseiten der USA und der NATO gebrochen, sodass nach 1999 in mehreren Wellen bis auf Weißrussland, die Ukraine, Moldawien, Georgien, Armenien und Aserbaidschan alle ehemaligen Vertragsstaaten des Warschauer Paktes wie auch die baltischen Länder NATO-Mitglieder wurden.

In der 1997 ratifizierten NATO-Russland-Akte wurde explizit hervorgehoben: »Russland hat tiefe Einschnitte in seine Streitkräfte vorgenommen, in beispielloser Weise Truppen aus den Ländern Mittel- und Osteuropas sowie den baltischen Staaten abgezogen und alle seine Nuklearwaffen in sein eigenes Hoheitsgebiet zurückgeführt.« Vertrauensbildend wurde von der NATO zugesagt, keine Nuklearwaffen auf dem Gebiet der neuen NATO-Mitglieder zu stationieren, wie auch keine »substantiellen Kampftruppen« dauerhaft in diesen Gebieten zu stationieren. Auch dieses Versprechen wurde durch den routinemäßigen Wechsel der jeweiligen NATO-Einheiten umgangen. Die NATO war und blieb auf Expansion orientiert.

Die NATO-Mitgliedschaft wurde denn auch auf dem Bukarester Gipfel 2008 auf Betreiben der USA der Ukraine und Georgien in Aussicht gestellt, wobei die damalige Bundeskanzlerin, Angela Merkel, und der französische Präsident, Nicolas Sarkozy, die Eröffnung eines für den NATO-Beitritt konkreten Mitgliedschaftsaktionsplans verhinderten. Zugleich blieb die Erweiterung der NATO um die Ukraine und Georgien auf dem Tisch, und wurde nach dem Staatsstreich 2014 in Kiew auch virulent, sodass Russland befürchten musste, es werde zu einer Stationierung von NATO-Truppen an der russischen Grenze des Mitglieds Ukraine kommen, verbunden mit einer Stationierung von Raketen, die binnen weniger Minuten in der Lage gewesen wären, die russischen Metropolen Moskau und St. Petersburg zu erreichen.

Vorgeschichte Nr. 2: Ankündigung der Ukraine, die Krim und den Donbass militärisch zurückzuerobern

Während der ukrainische Präsident Wolodymyr Selenskyj sicherlich einen Gutteil seines Wahlerfolges 2019 gerade im Südosten und Osten der Ukraine dem Versprechen zu verdanken hatte, den militärischen Konflikt mit den abtrünnigen Provinzen Lugansk und Donezk nicht weiter zu eskalieren und für eine politische Lösung arbeiten zu wollen, verhärtete sich seine Position zunehmend. Von der in »Minsk 2« verabredeten gesetzlichen Umsetzung einer Selbstverwaltung für die Russland-freundlichen Separatisten war bald keine Rede mehr. Schließlich gipfelte seine neue Politik der harten Hand im Umgang mit den Territorialkonflikten der Ukraine im Präsidialerlass vom März 2021, die Krim militärisch heimzuholen. Damit aber riskierte der ukrainische Präsident offen, die eingefrorenen Auseinandersetzungen mit Russland um die Krim und den Donbass aufzutauen.

Zugleich versuchte Selenskyj, für die Ukraine die türkischen Bayraktar-Kampfdrohnen zu beschaffen, die sich beim Angriff Aserbaidschans auf die armenische Enklave Nagorny-Karabach 2020 als kriegsentscheidend erwiesen hatten, und auch von der Türkei an der Seite ihrer libyschen Verbündeten in Tripolis erfolgreich eingesetzt worden waren. Am 27. Oktober 2021 griff dann die ukrainische Armee mit einer Bayraktar-Kampfdrohne Stellungen der Separatisten im Donbass an. Der ukrainische Botschafter in Berlin, Andrej Melnyk, sprach von »einem legitimen Akt der Selbstverteidigung« Wolfgang Richter, Experte der regierungsnahen Denkfabrik Stiftung Wissenschaft und Politik, dagegen kam zu dem Schluss, dass der Drohnenangriff »ein Bruch der Vereinbarungen« von Minsk bedeutete, wie die Deutsche Welle berichtete, und gab als Ausblick, dass nunmehr eine Eskalation der Lage vor Ort zu erwarten sei. Richter sah sich zudem in seiner Skepsis gegenüber Waffenlieferungen bestätigt: »Diese Entwicklung zeigt, dass insgesamt Waffenlieferungen nicht der Abschreckung dienen, sondern dass sie eher die beiden Seiten ermutigen, sie einzusetzen.«

In der Rückschau war der 27. Oktober 2021 mit dem Kampfdrohnenangriff so etwas wie ein Punkt ohne Wiederkehr. Auch wenn der Angriff selbst wenig militärischen Schaden anrichtete, war damit klar, dass Kiew offenbar mit Rückendeckung der Waffenlieferungen des NATO-Mitglieds Türkei bereit war, eine militärische Rückeroberung sowohl des Donbass als auch der Krim anzugehen. Dazu steuerten die USA der Ukraine Aufklärungsergebnisse, Artillerieradargeräte und über 300 Javelin-Panzerabwehrraketensysteme bei (SWP Aktuell 2021/A03).

In der Folge verstärkte Moskau weitreichende militärische Manöver an der ukrainischen Grenze, die es bereits seit Ende März 2021 abhielt und legte am 17. Dezember 2021 zwei Vertragsentwürfe vor, um die weitere NATO-Osterweiterung zu stoppen. Moskau zielte auf einen Abzug der NATO-Truppen von den Grenzen Russlands wie auch auf eine Garantie, dass in europäischen Staaten keine Raketen stationiert werden sollten, die Russland bedrohen könnten. Die Erweiterungszusagen der NATO gegenüber der Ukraine und Georgien sollten zurückgenommen werden. Aus Sicht Moskaus ging es offenbar darum, eine vertragliche Zusage für eine Begrenzung der NATO-Erweiterung zu erhalten und eine Garantie, dass Kiew nicht in die Lage versetzt wird, den Konflikt mit Russland mithilfe der NATO zu eskalieren.

Der Stellvertreterkrieg

Bereits unmittelbar nach dem russischen Angriff auf die Ukraine am 24. Februar 2022 mutierte der Krieg zum Stellvertreterkrieg der NATO gegen Russland auf ukrainischem Boden. Insbesondere die USA, aber auch die osteuropäischen NATO-Mitglieder – und mit einer kleinen Zeitverzögerung auch Deutschland – beteiligen sich mittlerweile indirekt durch massive Waffenlieferungen in die Ukraine am Krieg. Ziel ist, Russland in einem Abnutzungskrieg eine militärische Niederlage beizubringen und der Ukraine zum Sieg zu verhelfen. Neben die massiven Waffenlieferungen tritt dabei die Ausbildung von ukrainischen Soldaten an den von NATO-Mitgliedern exportierten Waffensystemen, die nach Auffassung des Wissenschaftlichen Dienstes des Bundestages die Gefahr in sich bergen, »den gesicherten Bereich der Nichtkriegsführung« zu verlassen.

Allein mit den deutschen Waffenexporten ließe sich eine halbe Armee ausrüsten. So verzeichnet die Bundesregierung Mitte August 2022 neben der zugesagten Lieferung von einhundert Panzerhaubitzen:

- 15 Flakpanzer GEPARD* (zuvor: 12)[1]
- 44 M113 gepanzerte Truppentransporter mit Bewaffnung (Systeme aus Dänemark, Umrüstung durch Deutschland finanziert)* (zuvor: 33)
- 403.000 Rationen Einpersonenpackungen (EPa) (zuvor: 402.000)
- 3.000 Patronen »Panzerfaust 3« zuzüglich 900 Griffstücke
- 14.900 Panzerabwehrminen
- 500 Fliegerabwehrraketen STINGER
- 2.700 Fliegerfäuste STRELA
- 10 Panzerhaubitzen 2.000 inklusive Anpassung, Ausbildung und Ersatzteile (gemeinsames Projekt mit den Niederlanden)
- 21,8 Mio. Schuss Handwaffenmunition
- 50 Bunkerfäuste
- 100 Maschinengewehre MG3 mit 500 Ersatzrohren und Verschlüssen
- 100.000 Handgranaten
- 5.300 Sprengladungen
- 100.000 Meter Sprengschnur und 100.000 Sprengkapseln
- 350.000 Zünder
- 10.500 Schuss Artilleriemunition 155 mm
- 10 Antidrohnenkanonen
- 14 Drohnenabwehrsensoren und -jammer
- 100 Auto-Injektoren

---

[1] Bei den mit * gezeichneten Gütern handelt es sich um aus Mitteln der sogenannten Ertüchtigungsinitiative finanzierte Lieferungen der Industrie.

- 28.000 Gefechtshelme
- 15 Paletten Bekleidung
- 280 Kraftfahrzeuge (Lkw, Kleinbusse, Geländewagen)
- MiG-29 Ersatzteile*
- 30 sondergeschützte Fahrzeuge*
- 80 Pick-ups*
- 7.944 Panzerabwehrhandwaffen RGW 90 Matador*
- 3 Mehrfachraketenwerfer MARS mit Munition
- 6 Lkw Fahrzeugdekontaminationspunkt HEP 70 inklusive Material zur Dekontaminierung
- 10 Fahrzeuge HMMWV (8x Bodenradarträger, 2x Jammer/Drohnenträger)*
- 3 Bergepanzer 2*
- 7 Störsender*
- 8 elektronische Drohnenabwehrgeräte*
- 4 mobile, ferngesteuerte und geschützte Minenräumgeräte*
- 8 mobile Bodenradare und Wärmebildgeräte*
- 1 Hochfrequenzgerät inkl. Ausstattung*
- 49.000 Schuss Flakpanzermunition.

Und vieles Weiteres mehr. In Vorbereitung, Stand August 2022, waren demnach die Lieferung von

- 20 Raketenwerfer 70 mm auf Pick-up-Trucks mit 2.000 Raketen und Laserzielbeleuchter*
- 1.592 Schuss Artilleriemunition 155 mm*
- 255 Schuss Vulcano Artilleriemunition 155 mm*
- 60.200 Schuss Munition 40 mm*
- 40 Bandbreitenerweiterungen elektronischer Drohnenabwehrgeräte*
- 12 Bergepanzer 2*
- 30 MG3 für Bergepanzer 2
- 4.000 Schuss Flakpanzerübungsmunition
- 10 (+10 als Option) Autonome Überwasserdrohnen*
- 14 Sattelzugmaschinen und 14 Sattelauflieger*
- 2 Zugmaschinen und vier Auflieger*
- 43 Aufklärungsdrohnen*
- 10 geschützte Kfz*
- 1 Fahrzeugdekontaminationspunkt
- 10 M113 gepanzerte Truppentransporter mit Bewaffnung (Systeme aus Dänemark, Umrüstung durch Deutschland finanziert)*
- Luftverteidigungssystem IRIS-T SLM*
- Artillerieortungsradar COBRA*

- 5.032 Panzerabwehrhandwaffen*
- 200 Lkw Nutzfahrzeuge*
- 24 Drohnenabwehrsysteme*
- 16 Brückenlegepanzer BIBER*
- 3.000 Schuss Artilleriemunition 155 mm
- 4.000 Schuss Flakpanzermunition
- 15 Flakpanzer GEPARD inklusive circa 6.000 Schuss Flakpanzermunition*.

Hinzu kamen noch andere Materialien.

Die Bundesregierung stellt den Umfang der Rüstungslieferungen explizit heraus: Im Zeitraum vom 1. Januar bis Ende August hat die Ampel Einzelgenehmigungen für die Ausfuhr von Rüstungsgütern in die Ukraine im Wert von über 725 Mio. Euro genehmigt. Dieser Genehmigungswert beinhaltet die oben in der Liste aufgeführten Güter, soweit ihre Ausfuhr genehmigungspflichtig nach Außenwirtschaftsrecht ist. Das ist nicht bei allen oben genannten Gütern der Fall. Um die Abwicklung bestimmter Lieferungen zu beschleunigen, hat die Bundesregierung zudem Verfahrenserleichterungen zum Beispiel für Schutzgüter geschaffen. Auch diese Lieferungen sind im Genehmigungswert nicht enthalten. Die Wertangaben für gebrauchtes Material aus Bundeswehrbeständen beruhen zudem auf Zeitwerten, die bedeutend unterhalb der jeweiligen Neu- oder Wiederbeschaffungswerte liegen können. Im Genehmigungswert enthalten sind die Güter unabhängig davon, wie ihre Beschaffung und Lieferung finanziert wurden. Aus Sicherheitserwägungen sieht die Bundesregierung bis zur erfolgten Übergabe auch hier von der Nennung weiterer Details ab.

Mit den Lieferungen sind teilweise Instandsetzungsmaßnahmen verbunden oder die Produktion dauert noch an. Zudem erfolgen teilweise noch Ausbildungsleistungen, so die Bundesregierung, die von der Ukraine und den USA mehrfach kritisiert worden war, zu wenig und zu zögerlich zu liefern.

Mit den Rüstungsexporten in das Kriegsgebiet Ukraine beteiligt sich Berlin immer mehr am Krieg gegen Russland. Die Waffenlieferungen bergen ein hohes Risiko einer Ausweitung des Krieges, auch vor dem Hintergrund, dass offenbar NATO-Staaten durch Aufklärung, Informationsbeschaffung wie die Steuerung von Raketensystemen auch direkt am Krieg in der Ukraine beteiligt sind.

Der Weltwirtschaftskrieg

Mit Beginn des Angriffskrieges Russlands haben die USA und die EU in enger Abstimmung die Sanktionen gegen Russland, die in Teilen bereits 2014 verhängt wurden, immer weiter verschärft. In der EU wird mittlerweile über ein weiteres Sanktionspaket gegen Russland diskutiert. Dabei zielen die Sanktionen auf eine Schwächung der russischen Wirtschaft insgesamt, mit dem Plan, dadurch »Russland zu ruinieren«, wie es die deutsche Außenministerin Annalena Baerbock als Ziel ausgegeben hat, und damit auf die massive Verschlechterung der wirtschaftlichen Lage der russischen Bevölkerung, in der Hoffnung dadurch irgendetwas gegen den Krieg zu tun.

Dabei muss festgehalten werden, dass die Sanktionen der USA, der EU und einiger weniger anderer Verbündeter kein Plazet des UN-Sicherheitsrats haben, und sich ein Großteil der Staaten insbesondere im Globalen Süden daran nicht beteiligt. In der Vergangenheit haben die USA und die EU auf Völkerrechtsbrüche von Staaten weder mit Sanktionen noch mit einer Beendigung von Waffenlieferungen reagiert – weder nach dem Einmarsch der »Koalition der Willigen« im Irak 2003 unter Führung der USA, an der sich zahlreiche NATO-Staaten wie Polen, Großbritannien, Italien, die Niederlande, Rumänien, Bulgarien, Lettland, Litauen, Ungarn, Portugal und Estland wie auch die Ukraine mit 1.650 Soldaten als größter Truppensteller nach den USA beteiligt hatten, noch auf den völkerrechtswidrigen NATO-Krieg gegen Jugoslawien 1999 oder nach dem wiederholten Einmarsch der Türkei im Irak und in Syrien in den vergangenen Jahren wurden irgendwelche Maßnahmen ergriffen.

Die Wirtschaftssanktionen der USA und der EU können sich nicht darauf berufen, Völkerrechtsbrüche generell entsprechend zu ahnden. Wirtschaftssanktionen sind in diesem parteiischen einseitigen Sinne die zivilen Mittel, die für gewaltsame Zwecke, für kriegerische Zwecke eingesetzt werden. Man muss daher von einem Wirtschaftskrieg der USA und der EU sprechen, der darauf zielt, Russland in die Knie zwingen oder, wie es Hardliner in der USA formulieren, zu »entkolonisieren« und damit ethnisch zu parzellieren und zu zerschlagen.

Es bleibt umstritten, wie stark sich die westlichen Wirtschaftssanktionen auf Russland auswirken. Fakt ist, dass alle Prognosen eines raschen Zusammenbruchs der russischen Wirtschaft nicht erfüllt wurden. Von einer anfänglichen Prognose von Minus 15% galt im Herbst letzten Jahres nur noch ein Einbruch der russischen Wirtschaft von bis zu Minus 5% als wahrscheinlich, was in etwa in der Größenordnung des Rückgangs des russischen Bruttoinlandsprodukts in der Folge der Corona-Pandemie entspricht. Langfristig könnte jedoch Schaden für die russische Wirtschaft entstehen, da insbesondere die Lieferung von Maschinen und Ersatzteilen aus dem Westen gestoppt wird, sollte hier kein Ersatz aus Indien, China, Vietnam oder Indonesien gefunden werden. Die sozialen Auswirkungen auf die russische Bevölkerung scheinen beträchtlich. Von der im Westen propagierten nachhaltigen ökonomischen Schädigung russischer Oligarchen, um der Bevölkerung den Wirtschaftskrieg schmackhaft zu machen, ist nichts bekannt.

Im Gegensatz zu den Schwierigkeiten bei den Importen Russlands haben die Wirtschaftssanktionen allerdings bei den Exporten Russlands zu einer nachhaltigen Besserung der russischen Leistungsbilanz geführt. Durch die Sanktionen sind die internationalen Energiepreise regelrecht explodiert. Russland verdient damit durch den Export von weniger Energie deutlich mehr, darunter auch mit Abschlag an Länder wie Indien, die Rohölprodukte dann teuer weiter an EU-Staaten verkaufen, die selbst kein Rohöl mehr aus Russland importieren.

Die folgenreichste Konsequenz des Wirtschaftskriegs von USA und EU sind jedoch die schweren Schläge für die Ökonomien der EU-Staaten, die sowohl durch eine explodierende Inflation als auch durch die Erschütterung der Versorgungssicherheit unter das Damoklesschwert unter erheblichen wirtschaftlichen Druck geraten sind. Insbesondere der EU und dem industriellen Kernland Deutschland drohten der Verlust von Millionen Arbeitsplätzen und eine massive Deindustrialisierung verknüpft mit exorbitanten Wohlstandsverlusten. Schon bisher leidet ein Großteil der Bevölkerung unter den explodierenden Energiepreisen. Die Medizin der Bundesregierung, den Wirtschaftskrieg gegen Russland zu intensivieren wirkt dabei wie ein Brandbeschleuniger der sozialen Krise. Die Entlastungspakete der Bundesregierung können einem Wohlstandsverlust eines Großteils der Bevölkerung in Deutschland nicht entgegenwirken, da sie nur einen Bruchteil der Preisexplosion kompensieren.

Torpedierte Verhandlungen

Ein Ende des Krieges ist nicht absehbar. Nach dem vom Westen forcierten Scheitern der Verhandlungen in der Türkei im März 2022, von dem die Zeitung *The Guardian* berichtete, um den Konflikt einzufrieren, in der Hoffnung langfristig einen Siegfrieden gegen Russland zu erzwingen, scheint auch Moskau an Gesprächen für eine Beendigung des Krieges nicht weiter interessiert. Im Zuge der erfolgreichen ukrainischen Offensive im September 2022 in der Region um die Großstadt Charkow, scheint jede Perspektive einer Verhandlungslösung in noch weitere Ferne gerückt. Während bis dato als ukrainisches Kriegsziel der komplette Rückzug der russischen Truppen galt, ist nunmehr vonseiten der ukrainischen Sicherheitsbehörden von einer Zerschlagung und einer »Demilitarisierung« Russlands die Rede.

Sowohl von der US-Administration als auch von der Bundesregierung werden weitere umfangreiche Waffenlieferungen an die Ukraine angekündigt, dazu kommen Ausbildungsmissionen ukrainischer Soldaten, wie auch der zunehmende Einsatz von Militärberatern aus NATO-Staaten in der Ukraine selbst. Statt auf Verhandlungen wird auf einen Siegfrieden gegen Russland gesetzt. Selbst für kleinere vertrauensbildende Maßnahmen zwischen den beiden Konfliktparteien, wie die Absicherung der Getreidelieferungen und eine Entmilitarisierung um das Atomkraftwerk Zaporoschje stehen weder die EU- noch die NATO-Staaten mit Ausnahme der Türkei, bei der der türkische Staatspräsident Recep Tayyip Erdoğan durch eine Schaukelpolitik politische Freiräume für seine autoritäre Regierung versucht durchzusetzen, zur Verfügung.

Es scheint sich die Überzeugung noch weiter zu verbreiten, dass in diesem Krieg die Diplomatie nichts mehr zu suchen hat und jeder, der sie auch nur einfordert, als Parteigänger des russischen Präsidenten gilt. Angesichts dieses Desasters stehen alle Zeichen auf eine weitere Brutalisierung und Verlängerung des Krieges. Kriegerische Mittel gelten zunehmend als politisches Allheilmittel. Die Gefahr einer direkten Kriegsbeteiligung und einer massiven Ausweitung des Krieges wird dagegen konsequent unterschätzt.

Die Hurra-Rufe aus Teilen der Bundesregierung nach den militärischen Erfolgen der Ukraine im Sommer/Herbst letzten Jahres wirken wie Boten eines neuen Militarismus, der dem Krieg als selbstverständlichem Mittel der Politik das Wort redet, und notwendigerweise auch auf eine geistige Mobilmachung der Bevölkerung zielt, sodass die Entbehrungen infolge des Wirtschaftskrieges wie die Beteiligung am Krieg selbst vermittels massiver Waffenlieferungen wie selbstverständlich erscheinen mögen. Insofern droht eine Denunziation sozialer Proteste gegen die Preiserhöhungen, gegen die massive Aufrüstung Deutschlands, wie die Waffenlieferungen ins Kriegsgebiet, als Kriegshilfe für Moskau ins Feld geführt zu werden. Nur bei einer Absage gegen die heraufbeschworene Burgfriedenspolitik wird sich ein Raum für ein entschiedenes Eintreten für soziale Gerechtigkeit und Frieden verteidigen lassen.

Friedrich Steinfeld

Ein Jahr Krieg in Europa – kein Ende in Sicht

Am 24. Februar jährte sich der Beginn des völkerrechtswidrigen russischen Angriffskrieges auf die Ukraine. Wie jeder Krieg, entwickelt auch dieser eine kaum vorhersehbare Dynamik. Weder ging die russische Kalkulation einer schnellen militärischen Eroberung großer Teile der Ukraine und ihrer Hauptstadt Kiew auf, noch konnte die Ukraine die russischen Truppen aus dem Land vertreiben bzw. Russland an den Verhandlungstisch zwingen. Der Krieg hat sich mittlerweile zu einem für beide Kriegsparteien zermürbenden Stellungs- und Abnutzungskrieg entwickelt.

Auch der parallel zwischen dem Westen und Russland tobende Krieg der Wirtschaftssanktionen hat in Russland bisher nicht die vom Westen erhoffte durchschlagende Wirkung gezeigt, die russische Wirtschaft erwies sich als deutlich anpassungsfähiger als erwartet. Gleichzeitig haben die Rückwirkungen des Wirtschaftskrieges vor allem in der EU zu massiven Beschädigungen der nationalen Reproduktionsprozesse und zu gewaltigen sozialen Stütz-Programmen geführt, die trotzdem enorme Wohlstandsverluste bis tief in die Mittelschichten hinein nicht verhindert haben. Für das laufende Jahr rechnet der Internationale Währungsfonds in seiner im Januar veröffentlichten Prognose sogar mit leichtem Wirtschaftswachstum in Russland und für 2024 mit einem Zuwachs der Wirtschaftsleistung um 2,1% – das wäre mehr als für Deutschland erwartet wird.

Die militärische und wirtschaftliche Pattsituation hat bisher kein Zeitfenster für Verhandlungen eröffnet.

Wunschdenken und unbequeme Wahrheiten

Stattdessen ist eine weitere Eskalation des Krieges absehbar:

- Russland hat den Winter dazu genutzt, sich (erneut) militärisch umzugruppieren und neue Truppen (in Höhe von zunächst 300.000 Soldat*innen) zu mobilisieren. Vor allem im Donbass hat Russland den militärischen Druck auf die ukrainische Armee massiv erhöht. Gleichzeitig wird die Wirtschafts- und Infrastruktur der Ukraine systematisch mit Drohnen und Raketen zerstört, was unendliches Leid für die ukrainische Zivilbevölkerung mit sich bringt.

- Russland wird von außen vom iranischen Mullah-Regime durch die Lieferung von Drohnen und wahrscheinlich demnächst auch von Raketen kürzerer Reichweite unterstützt. Nord-Korea liefert vermutlich Munition an Russland.

Die ukrainische Armee hat sich bisher militärisch gegen die russische Armee besser als erwartet behauptet – wegen der massiven westlichen Waffenlieferungen, aber auch wegen der (im Vergleich zur russischen) deutlich höheren Kampfmoral, da es um die Verteidigung des Landes gegen einen äußeren Aggressor geht. Auch die ukrainische Zivilgesellschaft zeigt einen enormen Widerstandsgeist. Im Ergebnis konnte die Ukraine allerdings die von der russischen Armee im Verlauf des Krieges eroberten Gebiete nur partiell zurückerobern. Die Ukraine hängt militärisch wie wirtschaftlich am Tropf des Westens, vor allem ihre Wirtschaft und kritische Infrastruktur sind massiv beschädigt. Über zehn Millionen Menschen sind vor dem Krieg aus der Ukraine vor allem in westliche Länder, aber auch nach Russland geflohen, ca. fünf Mio. sind Flüchtlinge im eigenen Land. Es handelt sich um die größte Fluchtbewegung seit dem Zweiten Weltkrieg.

In der Gesamtbewertung des militärischen Kräfteverhältnisses zwischen Russland und der Ukraine kam der amerikanische Generalstabschef Mark Milley bereits im letzten November zu der Einschätzung: »Die Wahrscheinlichkeit eines ukrainischen militärischen Sieges – definiert als der Rauswurf der Russen aus der gesamten Ukraine, einschließlich der von ihnen beanspruchten Krim – ist militärisch gesehen nicht sehr hoch.« Die Regierung in Moskau verfüge trotz der Rückschläge im Krieg noch über eine bedeutende Kampfkraft in der Ukraine. Milley, ein hochrangiger Militär der Führungsmacht des Westens, der mit Sicherheit über den weltweit verlässlichsten Informationsstand über die tatsächlichen Kräfteverhältnisse in diesem Krieg verfügt, hat damit eine unbequeme Wahrheit ausgesprochen, die aber in der öffentlichen Debatte hierzulande kaum zur Kenntnis genommen wird.

So verkündet z.B. die deutsche Außenministerin, Annalena Baerbock, (Grüne) nach wie vor, dass alles getan werden müsse, »damit die Ukraine gewinnt« (FAZ vom 24.1.23). Auch die Unionsparteien bemühen beständig das Narrativ eines Siegfriedens der Ukraine. Im Gegensatz dazu hält die Mehrheit der Sozialdemokratie unter Führung von Bundeskanzler Scholz an einem eher »gemäßigten« Kriegsziel fest: Russland dürfe den Krieg nicht gewinnen, die Ukraine nicht verlieren.

Widersprüchliche Kriegsziele, deutscher Panzermythos und Militarismus

In Sachen Panzerlieferung kann man dem Bundeskanzler mittlerweile nicht mehr Zögerlichkeit vorwerfen. Deutschland liefert 14 Leopard-2-Kampfpanzer sowie bis zu 178 des Typs Leopard 1. Von der großspurig verkündeten westlichen »Panzerallianz« mit einer Gesamtzahl von fast 300 Kampfpanzern ist derzeit allerdings kaum etwas zu spüren.

Mit der Lieferung dieser Angriffswaffen ist nicht nur der Einstieg in eine neue Qualität in der militärischen Auseinandersetzung, sondern auch ein neuer »Überbietungswettbewerb« (Bundeskanzler Scholz) verbunden, der sofort die Forderung nach weiteren Waffenlieferungen (etwa von Kampfhubschraubern, -flugzeugen, U-Booten und Raketen moderner westlicher Bauart etc.) nach sich zog. Die einzige rote Linie des Westens scheint zu sein, nicht zur direkten Kriegspartei zu werden.

Mit Befürchtungen und Ängsten in der Bevölkerung vor einer unaufhaltsamen militärischen Eskalation halten sich die Repräsentant*innen von CDU/CSU und Grünen gar nicht erst auf. Bei ihnen geht es nur noch um Bewältigung eigener Ängste nach der Devise: Wie überwinden wir unsere Angst davor, Russland besiegen zu wollen? Verstärkung der diplomatischen Anstrengungen zur Beendigung des Krieges: Fehlanzeige – entweder, weil Putin gar nicht verhandeln wolle, oder weil dieser aus moralisch-politischen Gründen gar kein Verhandlungspartner mehr sein könne. Möglicher Einsatz russischer Atomwaffen: Alles nur Putins Bluff. Große Teile der herrschenden politischen Klasse in Deutschland befinden sich emotional und mental im Gefechtsmodus – allerdings (vorerst noch) von der Komfortzone der Seitenlinie aus – und berauschen sich am neuen deutschen Panzermythos.[1]

Vor dem historischen Hintergrund, dass sich die Schlacht um Stalingrad von 1943 in 2023 zum 80. Mal jährt, nutzte Präsident Putin die Lieferung der deutschen Leopard-Kampfpanzer an die Ukraine zur propagandistischen Unterstützung seines Angriffskrieges, indem er ihn zu einem neuen Verteidigungskrieg gegen den Faschismus umzudichten versuchte. Eine moderne Version des »Nazismus« bedrohe erneut die Existenz Russlands. Wieder gehe die Gefahr vom Verbund europäischer Nationen aus, und wieder seien es deutsche Panzer »mit ihren Kreuzen«, die Russland bedrohten.

---

[1] Dieser geht auf die Entwicklung des »Königstigers«, dem Kampfpanzer der deutschen Wehrmacht zurück, der als Wunder deutscher Ingenieurskunst galt und – neben der V-2 – als eine der letzten »Wunderwaffen« gegen die alliierten Streitkräfte eingesetzt wurde. Mit dem Ausgang des Krieges hatten die »Wunderwaffen« nichts mehr zu tun. Was blieb, ist ihr Mythos.

Mit der wiederkehrenden Beschwörung des »Großen Vaterländischen Krieges« zur Legitimierung des gegenwärtigen Angriffskrieges knüpft Putin direkt an das Alltagsbewusstsein der russischen Bevölkerung an. Denn die Schlacht von Stalingrad ist das bedeutendste Symbol für den siegreichen sowjetischen Abwehrkampf gegen die Invasionsarmee des nationalsozialistischen Deutschlands. Diese Schlacht leitete als militärische Wende zugleich die Niederlage des deutschen Faschismus ein.

Ex-Brigade-General Erich Vad[2] legt den Finger in die Hauptwunde des gegenwärtigen Konfrontationskurses der westlichen Außen- und Sicherheitspolitik, indem er die Frage nach den – zumindest nach außen hin so erscheinenden – widersprüchlichen Zielen einer solchen eskalierenden Lieferung von Angriffswaffen aufwirft: »Will man mit den Lieferungen der Panzer Verhandlungsbereitschaft erreichen? Will man damit den Donbass oder die Krim zurückerobern? Oder will man Russland gar ganz besiegen? Es gibt keine realistische End-State-Definition.« (Erich Vad im Interview von »Emma« vom 12.1.23) Zumindest Europa und Deutschland verfügen im Umgang mit diesem Krieg auf dem eigenen Kontinent über kein kohärentes politisch-strategisches Gesamtkonzept zur Deeskalation und schließlich zur Beendigung des Krieges. Vad spitzt daher seine Kritik zu Recht zu: »... ohne ein politisch strategisches Gesamtkonzept sind Waffenlieferungen Militarismus pur.« (Ebd.)

»Schwarm-Journalismus« in der offenen Gesellschaft

In diesen kriegsbewegten Zeiten wird auch ein Großteil der bundesdeutschen Medienlandschaft ihrer eigentlichen Rolle, das Handeln der herrschenden politischen Klasse kritisch zu hinterfragen und gerade bei komplexen Problemlagen sachdienliche Hintergründe und Zusammenhänge zu recherchieren und in den öffentlichen Diskurs als Perspektivenerweiterung bzw. als Gegenpol einzubringen, nicht oder nicht in vollem Umfang gerecht. Politische Berichterstattung und Kommentare sind oftmals von selektiver Wahrnehmung geprägt und zeigen immer seltener das »ganze Bild«. Auch hier herrscht der kriegsgeprägte Tunnelblick vor. Wenn die grüne Politikerin Karin Göring-Eckardt naiv-zynisch twittert »The #Leopard's freed«, dann echote es im deutschen Blätterwald: Deutschland lässt seine Leoparden frei.

2 Von 2006 bis 2013 war Erich Vad der militärpolitische Berater von Bundeskanzlerin Angela Merkel. Er gehört zu den raren Stimmen, die sich früh öffentlich gegen Waffenlieferungen an die Ukraine ausgesprochen haben, ohne politische Strategie und diplomatische Bemühungen.

Als handle es sich hier um eine Episode aus einem Tierspielfilm wie »Free Willy«. Wer sich, wie Bundeskanzler Scholz, nicht bedingungslos der Waffenlieferungseuphorie unterwerfen will, wird in staatsanwaltlicher Manier auf die Anklagebank gesetzt.

Diesen als scheinbar unabhängiger »moralischer Gerichtshof über den Wolken« daherkommenden Journalismus haben Richard David Precht und Harald Welzer auf den Punkt gebracht: »Eine bekenntnistrainierte und haltungsdesignte journalistische Zunft kann sich angesichts des Krieges nur noch in der manichäischen Trivialwelt von Gut und Böse, Richtig oder Falsch bewegen.« (Precht/Welzer 2022, S. 232)[3] Zu den konkreten Erscheinungsformen dieses »Schwarm-Journalismus« gehören nach Precht/Welzer: Cursor-Journalismus, Dekontextualisierung und öffentliche Ausgrenzung. Diese Dimensionen fallen gerade in Kriegszeiten zusammen.

Die Rolle eines Großteils der Medien hat sich qualitativ verändert. Sie sind angesichts der Rückkehr des Krieges in Europa vom politischen Berichterstatter zum politischen Akteur mutiert. Das politisch Interessante an diesem Vorgang ist, dass sich dieser mediale »Gleichklang« in einer Demokratie mit formal gesicherter Pressefreiheit quasi »freiwillig« vollzieht und nicht etwa durch autoritäre politische Einschränkung der Pressefreiheit erzwungen ist.

Neues Wettrüsten und zunehmende Umstellung der Rüstungsindustrie auf Kriegswirtschaft

In einer Patt-Situation nicht auf Verhandlungen als einzige Möglichkeit zur Beendigung des Krieges zu setzen, bedeutet zugleich »den sinnlosen Verschleiß von Menschenleben« (Vad 2022). Was in der Ukraine betrieben wird, ist ein Abnutzungskrieg. »Und zwar einer mit mittlerweile annähernd 200.000 gefallenen und verwundeten Soldaten auf beiden Seiten, mit 50.000 zivilen Toten und mit Millionen von Flüchtlingen.« (Ebd.)

Die Intensität des Kriegs ist infolge von Satelliten- und Drohnenaufklärung sehr hoch. Das Kriegsgeschehen liegt wie auf dem Präsentierteller. Die ukrainischen Streitkräfte feuern pro Monat bis zu 40.000 Artilleriegeschosse ab. Die Produktion der entsprechenden NATO-Standardmunition liegt in Europa aber nur bei 300.000 Geschossen pro Jahr. Es geht mithin nicht nur um die Ausweitung der materiellen Produktion zur Aufrüstung der Bundeswehr und zur weiteren Aufrüstung der Ukraine mit immer schwereren Waffen, sondern auch um die Herstellung von Munition. Denn Munition

---

[3] Precht, Richard David/Harald Welzer (2022): Die Vierte Gewalt. Wie Mehrheitsmeinung gemacht wird, auch wenn sie keine ist, Frankfurt a. M.

ist in Kriegszeiten eines der begehrtesten »Güter« überhaupt. Mittlerweile kostet Munition das Fünffache des Vorkriegsniveaus.

Insgesamt ist ein neues konventionelles Wettrüsten zwischen Russland und den NATO-Mitgliedern entbrannt. In Russland ist die Umstellung der industriellen Produktion auf Kriegswirtschaft in vollem Gange. Mit Fortsetzung und weiterer Intensivierung des Krieges soll auch die teilweise noch auf manufakturmäßiger Basis produzierende deutsche und europäische Rüstungsindustrie auf eine neue, industrielle Grundlage gestellt werden. Das militärische Kräfteverhältnis zwischen den Kriegsparteien wird nicht zuletzt durch die Effektivität der jeweiligen materiellen Produktion und ihrer Zulieferindustrien sowie – bedingt durch die Hyperglobalisierung in den letzten Jahrzehnten – durch die Vernetzung der nationalen Rüstungsproduktion mit der internationalen Rohstoffwirtschaft bestimmt.

Wie Merkel der Ukraine Zeit zur weiteren »Erstarkung« kaufte

Bisher war das Minsker Abkommen, das die frühere Bundeskanzlerin Angela Merkel gemeinsam mit dem damaligen französischen Präsidenten François Hollande, dem ukrainischen Präsidenten Petro Poroschenko und dem russischen Präsidenten Wladimir Putin vereinbart hatte, als ein bis an die Erschöpfungsgrenze gehendes Bemühen um Frieden dargestellt worden. Überraschenderweise teilte die frühere Bundeskanzlerin im Dezember 2022 in einem Interview von *Zeit online* nun mit: »das Minsker Abkommen 2014 war der Versuch, der Ukraine Zeit zu geben. Sie hat diese Zeit auch genutzt, um stärker zu werden, wie man heute sieht« (RND vom 9.12.2023). Es sei »uns allen« klar gewesen, dass das ein eingefrorener Konflikt war, dass das Problem nicht gelöst war, aber genau das hat der Ukraine wertvolle Zeit gegeben. 2015 hätte Putin die Ukraine leicht erobern können. »Und ich bezweifle sehr, dass die NATO-Staaten damals so viel hätten tun können wie heute, um der Ukraine zu helfen.« (Ebd.)

Merkel erklärt hier unumwunden, dass sie mit dem Minsker Abkommen der Ukraine nur Zeit zur weiteren Erstarkung gekauft hat. Diese Erstarkung bestand konkret in umfassenden Waffenlieferungen vor allem der USA, aber auch anderer NATO-Mitglieder an die Ukraine sowie in einem Umbau der ukrainischen Streitkräfte zur Anpassung ihrer Strukturen an NATO-Standards. Nicht nur die Ukraine, auch die NATO hat die von Merkel gekaufte Zeit effektiv genutzt. Es handelt sich hierbei, so General a.D. Harald Kujat, nicht nur um einen eklatanten Vertrauensbruch und eine Frage der politischen Berechenbarkeit in internationalen Verhandlungen, sondern auch um das nicht wegzudiskutierende Faktum, »dass die Weigerung der ukrainischen Regierung – in Kenntnis dieser beabsichtigten Täuschung – das Abkommen umzusetzen, noch wenige Tage vor Kriegsbeginn, einer der Auslöser für den Krieg war. Die Bundesregierung hatte sich in der UNO-Resolution dazu verpflichtet, das ›gesamte Paket‹ der vereinbarten Maßnahmen umzusetzen. Darüber hinaus hat die Bundeskanzlerin mit den anderen Teilnehmern des Normandie-Formats eine Erklärung zur Resolution unterschrieben, in der sie sich noch einmal ausdrücklich zur Implementierung der Minsk-Vereinbarungen verpflichtete.« (Kujat im Interview mit *Zeitgeschehen* vom 18.1.23)[4]

Auch wenn mit den aktuellen Äußerungen Merkels die Vorgeschichte des Krieges in ein neues Licht getaucht wird, so sind damit die äußerst komplexen Entstehungsursachen des Krieges bei Weitem nicht erfasst.

Interregnum als zeit-diagnostischer Schlüsselbegriff

Paul Schäfer vertritt in Abgrenzung zu der bei einem Teil der Linken anzutreffenden These, Russland gehe es allein um defensive Belange und man müsse den Überfall auf die Ukraine als Reaktion auf ein Bedrängnis von außen verstehen, folgende Position: »Für das Verständnis des russischen Angriffskrieges gegen die Ukraine ist die Metamorphose der russischen Macht entscheidend: Moskaus Politik leitet sich aus inneren Widersprüchen und der signifikanten Kluft zwischen Weltmachtanspruch und semi-peripherem Status in der Welt ab.«[5] Schäfer lenkt zu Recht den Blick auf die inneren Widersprüche in der Russischen Föderation, bleibt aber bezüglich seiner Kernthese von der Metamorphose der russischen Macht nur an der Oberfläche. Durch vertiefende Analyse geklärt werden muss, worin der semi-periphere Status der Russischen Föderation besteht, was sich dahinter vor allem geoökonomisch verbirgt und welche geo-politischen Konsequenzen das hat.

Entscheidende Bedeutung kommt in diesem Zusammenhang dem von Antonio Gramsci geprägten Begriff Interregnum zu. Gramsci entwickelte diesen Begriff im historisch-gesellschaftlichen Kontext von Weltkriegen und

---

[4] General a. D. Harald Kujat, geboren am 1. März 1942, war u.a. Generalinspekteur der Bundeswehr und als Vorsitzender des NATO-Militärausschusses höchster Militär der NATO. Zugleich amtierte er als Vorsitzender des NATO-Russland-Rates sowie des Euro-Atlantischen-Partnerschaftsrates der Generalstabschefs. Für seine Verdienste wurde Harald Kujat mit einer großen Zahl von Auszeichnungen geehrt.

[5] Paul Schäfer: Ein Jahr russischer Angriffskrieg – Das Elend der linken Legenden, in: Blätter für deutsche und internationale Politik 2/2023.

Faschismus in der ersten Hälfte des 20. Jahrhunderts.[6] Das Interregnum des 20. Jahrhunderts war laut Gramsci Ausdruck eines schrittweisen Verlustes der herausragenden Stellung, die Großbritannien als die wirtschaftliche und geo-politische Hegemonialmacht des 19. Jahrhunderts – von Marx als »Demiurg des bürgerlichen Kosmos« charakterisiert –, innehatte. Der gesellschaftlich-historische Hintergrund dieser Erosion bestand in dem sich verschärfenden wirtschaftlichen Konkurrenzkampf zwischen Großbritannien und den aufstrebenden neuen kapitalistischen Mächten – vor allem den USA und Deutschland –, ohne dass sich dadurch bereits eine neue hegemoniale Konstellation ergab. Es entstand stattdessen eine Übergangsphase, die Gramsci als eine historische Periode beschreibt, in der »das Alte stirbt und das Neue nicht zur Welt kommen kann«.[7]

Es entwickelte sich historisch zum ersten Mal eine überaus gefährliche instabile Phase in der bis dahin wesentlich durch die westfälische Ordnung von 1648 geprägten – wenn auch durch die Napoleonischen Eroberungskriege zeitweilig außer Kraft gesetzten und wieder zurechtgeflickten – internationalen Ordnung. Mit dem Ausbruch des Ersten Weltkriegs 1914 wurde diese endgültig zerstört. Mit Kriegsende war diese äußerst instabile Übergangsphase aber keineswegs zu Ende. Die Instabilität verschärfte sich weiter durch die Kriegsschäden, Hyperinflation, die erste Weltwirtschaftskrise 1928 ff., Wirtschaftsprotektionismus und den steilen politischen Aufstieg des Faschismus in Spanien, Deutschland, Italien und Japan, was im Resultat schließlich zum Zweiten Weltkrieg führte.

Diese faschistische Allianz beanspruchte zugleich die Herrschaft über die gesamte Welt, d. h. die Schaffung einer »neuen« Weltordnung, in der unter Berufung z.B. auf den germanischen Rassen-Mythos eine brutale Unterdrückung und Ausbeutung mehr oder weniger aller anderen Völker, sowie die radikale und systematische Auslöschung bestimmter Minderheiten angestrebt und mit dem Holocaust auch systematisch umgesetzt wurde. Dieser faschistische Anspruch auf die Weltherrschaft konnte massenwirksam nur in einer Phase der Weltunordnung erhoben werden, wie sie sich im Übergang zum 20. Jahrhundert mit dem Niedergang Großbritanniens entwickelte, ohne dass bereits eine neue globale Wirtschafts- und Ordnungsmacht installiert war.

Der steile politische Aufstieg des Faschismus in Italien wird von Gramsci konkret damit in Verbindung gebracht, dass sich in diesem Land – ähnlich wie im Deutschen Reich – die neue gesellschaftliche Betriebsweise des For-

[6] Siehe hierzu ausführlicher: Friedrich Steinfeld, Weltunordnung und Krieg. Die Folgen gescheiterter Transformationsprozesse, in: Sozialismus.de Heft 1-2023.

[7] Gramsci, Antonio (1999): Gefängnishefte, Bd. 2, Heft 3, § 34, Hamburg, S. 354.

dismus, wie sie sich bereits Ende des 19. Jahrhunderts in den USA herauszubilden begann, (noch) nicht als neue Betriebsweise gesamtgesellschaftlich durchsetzen konnte, weil zu viele tradierte gesellschaftliche Mächte wie Bleigewichte am gesellschaftlichen Surplus hingen und die mit dem Fordismus eng verknüpften weitergehenden gesellschaftlichen Reformen (Entwicklung bestimmter sozialer Standards, verstärkte Einbeziehung von Frauen in den gesellschaftlichen Produktionsprozess, Ausbau des Bildungssystems etc.) blockierten. Erst mit dem Sieg der Westmächte und der Sowjetunion über die faschistischen »Achsenmächte« und der Etablierung einer bi-polaren Nachkriegsordnung wurde der Boden für eine Transformation der europäischen Ökonomien in eine neue gesellschaftliche Betriebsweise und damit für eine neue Akkumulationsdynamik des Kapitals und die Entwicklung des »Wohlfahrtstaates« bereitet. Dieses »goldene Zeitalter des Kapitalismus« dauerte bis Mitte der 1970er-Jahre.

Im russischen Angriffskrieg spiegelt sich letztendlich ein ähnliches Transformationsproblem wie in der ersten Hälfte des 20. Jahrhunderts: Das 21. Jahrhundert stellt als gesellschaftliche Herausforderung erneut die Transformation einer inzwischen tradierten gesellschaftlichen Betriebsweise, des Fordismus, in eine neue Betriebsweise auf die (geo)politische Tagesordnung, die einerseits auf der Digitalisierung aller gesellschaftlichen Bereiche und zugleich – als historisch absolut neue Herausforderung – auf der Dekarbonisierung der globalen Produktion und der entsprechenden Liefer- und Transportketten sowie des individuellen Konsums basiert.

Für die Bewältigung dieser umfassenden gesellschaftlichen Modernisierung bringt die Russische Föderation im Vergleich zu den übrigen Großmächten USA und China nicht die entsprechenden wirtschaftlichen und technologischen Voraussetzungen mit. Die nach der Implosion der Sowjetunion in Gang gesetzte Transformation des Produktionsprozesses in eine kapitalistische Produktionsweise durch Umsetzung einer marktradikalen Ideologie – wesentlich mitbedingt durch westliche neo-liberale Einflüsterei – war nach etwa zehn Jahren gründlich gescheitert. Statt blühender kapitalistischer Landschaften entstand ein wirtschaftliches und soziales Chaos, das auch durch die materielle Enteignung der russischen Bevölkerung durch den Aufstieg einer kleinen Schicht von Oligarchen gekennzeichnet war und mit einem Staatsbankrott endete.

Mit dem liberalen Wirtschaftsmodell scheiterte auch die Akzeptanz des westlichen, liberalen Wertesystems in der russischen Gesellschaft. Im Gefolge dieses kompletten Scheiterns des ökonomisch-gesellschaftlichen Transformationsprozesses entstand eine von Putin orchestrierte, halb-feudale Allianz von Oligarchen und russischem Staat, die darauf abzielte, Russland – begünstigt durch die kapitalistische Hyperglobalisierung und die Gier nach billigen fossilen Energieträgern – in den Weltmarkt vor allem durch die Ausbeutung und den Export von fossilen Energieträgern zu integrieren, und dadurch genügend Reichtum für diese Allianz und deren Entourage zu generieren, während das russische Volk mit bescheidenen sozialen Wohltaten abgefunden wurde, damit sich dort kein bedeutsamer, systemkritischer Widerstand entwickelte.

Mit dem von außen zugeflossenen Surplus wurde keine umfassende und intensive Modernisierung des gesellschaftlichen Reproduktionsprozesses in die Wege geleitet. Was vor dem Hintergrund des russischen Angriffskrieges aus westlicher Sicht als russische Energiefalle gedeutet wird, war auch für deren Wirtschaft und die gesamte Gesellschaft eine Falle, nämlich die des »Ressourcenfluchs«, in die sogenannte Rentier-Ökonomien in der Regel landen, wenn sie den von außen zufließenden gesellschaftlichen Reichtum nicht zur systematischen Modernisierung ihres Produktionsapparates nutzen. Putin und sein Führungszirkel verfügen daher über keinerlei positive Vision für eine moderne, auf technologischem und ökologischem Fortschritt sowie auf Individualisierung beruhende russische Gesellschaft.

Im Kontext mit den gescheiterten Transformationsprozessen auch in den ehemaligen Sowjetrepubliken und deren legitimem Streben nach nationaler Souveränität bei gleichzeitig bestehender spannungsreicher ethnischer und religiöser Vielfalt entstand im post-sowjetischen Raum eine brisante, explosive Konstellation im Verhältnis zwischen der Russischen Föderation und eben diesen ehemaligen Sowjetrepubliken, die immer wieder auch in militärische Auseinandersetzungen umschlug (z.B. Russland-Georgien-Krieg 2008, völkerrechtswidrige Krim-Annexion durch Russland 2014).

Die Rückkehr des Krieges in Europa im 21. Jahrhundert ist letztlich nur das Symptom für ein ganzes Bündel gescheiterter gesellschaftlicher Transformationsprozesse. Angesichts dieses Scheiterns machte sich bei Putin geopolitischer Phantom-Schmerz breit: In seiner rückwärtsgewandten Weltsicht bezeichnete er schon 2005 den Zusammenbruch der Sowjetunion als »die größte geopolitische Katastrophe des 20. Jahrhunderts«.

Die fehlende Zukunftsfähigkeit der russischen Oligarchie und des mit ihr verschränkten politischen Regimes, sowie die neuen geo-politischen Bruchlinien waren zugleich ein nahrhafter Boden für die Re-Nationalisierung und Wiedererweckung von großrussischen Ursprungsmythen (Kiewer Rus), von Männlichkeits- und Gewaltkult, Militarisierung und Instrumentalisierung des »Großen Vaterländischen Krieges« für die Zwecke des gegenwärtigen Regimes, was in der Gesamtheit auch große Teile der russischen Gesellschaft inklusive der Russisch-Orthodoxen Kirche affizierte. Zugleich entwickelte das Regime auch nach innen hin immer autoritärere Züge.

Diese Entwicklungen im gesamten post-sowjetischen Raum müssen ebenfalls als »integraler« Bestandteil der neuen «Weltunordnung« (Carlo Masala 2018)[8] gesehen werden.

Die neue Weltunordnung des 21. Jahrhunderts entstand lange vor dem russischen Angriffskrieg, für die der Westen mit seinen militärischen Interventionen (NATO-Kriege in Ex-Jugoslawien, in Afghanistan, im Irak und in Libyen) eine gehörige Portion an Mitverantwortung trägt. Diese Interventionen mit dem Ziel eines Regime Change und der Implementierung einer kapitalistisch-liberalen Ordnung waren zwar militärisch zunächst erfolgreich, führten aber überall zu wirtschaftlichem und politischem Chaos (Failed States), sowie zu gewaltigen humanitären Katastrophen und Fluchtbewegungen.

Der Westen hatte auch für die neu entstandene, äußerst konfliktreiche Gemengelage im post-sowjetischen Raum keine tragfähige Transformationsstrategie. Die beständige Osterweiterung der NATO und insbesondere die NATO-Beitrittsperspektive der Ukraine waren vor allem Ausdruck der Geringschätzung dieser brisanten Situation und der Einschätzung, die geo-strategische Schwächephase der Russischen Föderation ausnutzen zu können. Damit hat der Westen Putin zumindest den Vorwand für den Angriffskrieg gegen die Ukraine geliefert. Daraus kann allerdings keine Legitimation dieses Angriffskrieges abgeleitet werden. Diesen haben allein Putin und sein Machtzirkel zu verantworten.

Russland ist nicht mit Ex-Jugoslawien, Afghanistan, Irak oder Libyen vergleichbar, sondern die eurasische Großmacht, die als Rentierstaat zumindest vorerst für viele Länder gerade im asiatischen Wirtschaftsraum ein enorm wichtiger Lieferant von fossilen Energieträgern bleibt und gleichzeitig über ein riesiges konventionelles und atomares Waffenarsenal verfügt.

Blockierte Verhandlungen und wie sie aufgebrochen werden könnten

Egal, ob der ehemalige britische Premierminister Boris Johnson bei seinem »Überraschungsbesuch« am 9. April 2022 in Kiew einen Abbruch der zwischen der Ukraine und Russland bereits wenige Wochen nach Kriegsbeginn in Gang gekommenen Verhandlungen zu einem Waffenstillstand erzwang

---

[8] Carlo Masala: Weltunordnung. Die globalen Krisen und das Versagen des Westens, 2. Auflage 2018, München; siehe hierzu auch meine Kritik: Friedrich Steinfeld, Weltunordnung und Krieg. Die Folgen gescheiterter Transformationsprozesse, in: Sozialismus.de, 1-2023.

oder nicht, sprach er sich zu diesem Zeitpunkt doch eindeutig gegen Verhandlungen zwischen der Ukraine und Russland zumindest so lange aus, bis die Ukraine militärisch die Oberhand gewonnen hat. Die britische »Times« zitiert ihn Anfang April 2022 mit den Worten, es solle keine Einigung mit Russland geben, »solange die Ukraine nicht die Oberhand hat« (»No settlement with Russia until Ukraine holds whip hand«). Auch nach Berichten des britischen »Guardian« und des ukrainischen Onlineportals *Ukrajinska Prawda* sprach sich Johnson vor und während des Kiew-Besuchs dafür aus, dass die Ukraine gegenüber Russland keine Zugeständnisse machen solle.[9] Der Westen, zumindest aber Johnson, hat in dieser frühen, noch relativ offenen Kriegslage nicht den Druck auf die Ukraine erhöht, die sich möglicherweise bietende Chance zu einem Schritt in Richtung Frieden zu nutzen, sondern sich mit dem Siegfrieden-Narrativ für die Fortsetzung des dann erst recht losgehenden wechselseitigen Abschlachtens eingesetzt. Nach einem Jahr erbitterten Krieges und einer Patt-Situation sind die Fronten mittlerweile nicht nur militärisch, sondern auch politisch völlig verhärtet.

Es gibt eine Reihe von Ländern wie z. B. Brasilien, die zwar den russischen Angriffskrieg verurteilen, aber nicht zu Waffen- und Munitionslieferungen an die Ukraine bereit sind. Brasilien sei ein Land des Friedens und lehne deshalb jede Beteiligung am Krieg ab, so Lula da Silva auf der Pressekonferenz am 30.1.23 beim Staatsbesuch von Bundeskanzler Scholz: »Jetzt schlage ich vor, dass wir die G20 mobilisieren, um den Konflikt zwischen Russland und der Ukraine beizulegen [...] Brasilien ist bereit, einen Beitrag zu leisten. Ich glaube, die VR China kann einen Beitrag leisten, Indien kann einen Beitrag leisten, Indonesien kann einen wichtigen Beitrag leisten. Wir können uns bemühen. Wir können einen ökologischen Klub einrichten, aber wir können auch einen friedensorientierten Klub einrichten [...] jetzt ist der Krieg an einem Punkt angelangt, an dem, glaube ich, sich die beiden kriegführenden Staaten selbst Sorgen machen. Niemand möchte einen Millimeter zurückweichen, und irgendwann haben die Verhandlungspartner auch keine neuen Ideen mehr. Mein Vorschlag ist, dass wir eine Gruppe von Ländern, die bisher nicht an den Diskussionen beteiligt waren, an den grünen Tisch bringen, um über den Frieden zwischen Russland und der Ukraine zu diskutieren. Brasilien wird sich dafür ins Zeug legen.«

Mit dieser klaren politischen Ansage Lulas, dass die Krieg führenden Parteien unfähig zu einer friedlichen Lösung seien, und deswegen der Druck auf der geo-politischen Ebene zur Beilegung des Krieges erhöht werden müsse, muss Bundeskanzler Scholz – stellvertretend für Europa – die neue

---

[9] Diese Informationen sind einem Bericht von zdfheute (online vom 13.5.2022) entnommen.

Realität einer multipolar gewordenen Welt zu Beginn des 21. Jahrhunderts zur Kenntnis nehmen. Während der relativ stabilen europäischen Friedensordnung nach dem Zweiten Weltkrieg reisten Politiker*innen aus Europa in den Globalen Süden, um dort politische Lösungen für komplexe militärische Konflikte zu verlangen. Im Vergleich dazu hat sich die geo-politische Lage mit dem Übergang ins 21. Jahrhundert komplett gedreht: Heute ist Europa selbst ein Kriegskontinent, der zwar mit breiter moralischer Unterstützung in der Ablehnung des russischen Angriffskrieges in der Weltöffentlichkeit rechnen kann, aber nicht einmal komplett innerhalb der NATO, geschweige denn bei den BRICS-Staaten mit rüstungstechnischer Unterstützung für den Kriegseinsatz bzw. mit Beteiligung an den Wirtschaftssanktionen gegen Russland.

Infolge dieser neuen geo-politischen Konstellationen und Kräfteverhältnisse konnte Russland trotz aller westlichen Wirtschaftssanktionen das Volumen seines Außenhandels in den ersten elf Monaten in 2022 um ca. 10% auf 768 Mrd. US-Dollar steigern (FAZ vom 11.2.23), weil eben neutrale oder Russland gegenüber »freundliche« Länder – wie Indien, die Türkei und China – den Rückgang des Handels mit »unfreundlichen« Ländern (die Sanktionen gegen Russland verhängt oder sich Strafmaßnahmen angeschlossen haben) mehr als kompensiert haben, was auch mit gestiegenen Preisen für fossile Energieträger zusammenhängt.

Multi-polare Weltordnung oder neue Blockbildung?

Die Rückkehr des Krieges nach Europa beschädigt nicht nur Europa selbst, seine Wirtschaftskraft und seinen Wohlstand, sondern auch das Ganze der internationalen Beziehungen. Über die im Zuge einer forcierten Globalisierung in den letzten Jahrzehnten entstandene multi-polare Welt des 21. Jahrhunderts – mit den USA, Asien/China und Europa als den jeweiligen Zentren – droht sich eine neue bi-polare Struktur zu legen, die die dringend erforderliche internationale Kooperation zur schnellen und nachhaltigen Bekämpfung der globalen Ernährungs- und Energiekrise, der Erderwärmung sowie zur effektiven Umsetzung der Digitalisierung massiv hemmt.

Die USA sind bestrebt, ihre im Konkurrenzkampf mit dem systemischen Rivalen China erodierende hegemoniale Position durch eine enorme staatliche Subventionierung der für den digitalen und ökologischen Umbau relevanten Technologien wieder zu festigen und den letztlich unaufhaltsamen Aufstieg Chinas zu einem ebenbürtigen globalen Player durch einen Technologie- und Handelskrieg sowie mittels neuer Allianzen und Bündnisse im indopazifischen Raum geo-strategisch einzudämmen. Gleichzeitig weist die US-Wirtschaftspolitik weiterhin deutliche protektionistische Züge auf (»Inflation Reduction Act of 2022«), wovon auch Europa erheblich betroffen ist.

Der russische Angriffskrieg hat zwar die geo-strategische Konzentration der USA auf die Auseinandersetzung mit China beeinträchtigt, scheint aber auch die Möglichkeit zu einer entscheidenden militärischen und wirtschaftlichen Schwächung Russland zu bieten, ohne dabei direkt Kriegspartei zu werden. Eine Konkretisierung der US-Kriegsziele findet bewusst nicht statt. Damit bleiben auch die tatsächlichen US-Interessen im Dunkeln. Die USA könnten, so Thomas Meany in der *New York Times* (2.3.23), »sogar ein Interesse daran haben, die Kämpfe am Laufen zu halten, da der Krieg Russlands Fähigkeit einschränkt, anderswo in der Welt zu operieren, den Wert der amerikanischen Energieexporte erhöht und als bequeme Generalprobe für die Zusammenführung von Verbündeten und die Koordinierung der wirtschaftlichen Kriegsführung gegen Peking dient«.

China, das sich wirtschaftlich und technologisch auf einem qualitativ völlig anderen Niveau als die Russische Föderation bewegt, hat zwar mit Russland eine strategische Partnerschaft, vermeidet aber dessen militärische Unterstützung. Der russische Angriffskrieg liegt nicht im chinesischen Interesse – und schon gar nicht ein Einsatz russischer Atomwaffen. Andererseits hat China kein Interesse an einer russischen Niederlage, weil das auch seine Position im gegenwärtigen systemischen Konkurrenzkampf mit den USA erheblich schwächen würde.

China hat inzwischen einen 12-Punkte-Plan zur Beendigung dieses Krieges vorgelegt, in dem u.a. festgestellt wird: »Die Souveränität, Unabhängigkeit und territoriale Unversehrtheit aller Länder muss wirksam gewahrt werden […] Alle Parteien sollten sich dem Streben nach eigener Sicherheit auf Kosten der Sicherheit anderer widersetzen, eine Blockkonfrontation verhindern und sich gemeinsam für Frieden und Stabilität auf dem eurasischen Kontinent einsetzen.«

Diese Feststellung kann einerseits als Hinweis auf das Recht jedes Landes, also auch der Ukraine, auf territoriale Integrität gelesen werden, andererseits aber auch als Hinweis darauf, dass die Sicherheit eines Landes nicht auf Kosten anderer Länder angestrebt werden kann, und somit eine Stärkung oder Ausweitung von Militärblöcken (NATO-Osterweiterung, AUKUS im Indopazifik) aus chinesischer Sicht für die Stabilität der internationalen Ordnung kontraproduktiv ist.

Eine der großen Unbekannten in der geo-strategischen Konfrontationsstrategie der USA ist der Ausgang der US-Präsidentenwahl Ende nächsten Jahres. Sollte Trump oder ein(e) andere(r) Kandidat(in) aus dem trumpistischen Lager gewinnen, könnte der Umfang der bisherigen wirtschaftlichen und militärischen Unterstützung der USA für die Ukraine schnell zur Disposition stehen. Der nach 20 Jahren sinnloser Kriegsführung von Trump durch die Aufnahme von Friedensverhandlungen mit den Taliban in Doha eingefädelte Rückzug der US-Truppen aus Afghanistan sollte noch im Gedächtnis sein. Trump setzte damit nur sein damaliges Wahlkampfversprechen – »America first« – um, nämlich die endlosen Kriege der USA zu beenden. Damit war die Weltpolizisten-Rolle der USA erledigt.

In seiner Reaktion auf Bidens diesjährige »State of the Union«-Rede warf Trump Biden bereits vor, Amerika »an den Rand des Dritten Weltkriegs« geführt zu haben. Schon jetzt fordern republikanische Vertreter*innen im Kongress, die finanziellen Mittel zur Wahrung der territorialen Integrität der Ukraine für eine weitere Abschottung der US-Grenze nach Mexiko gegen Migrant*innen zu nutzen.

Eine deutliche Reduktion oder gar Aussetzung der Ukraine-Hilfen würde die EU vor die Entscheidung stellen, den US-Part teilweise oder komplett zu übernehmen, und sie immer tiefer in den Krieg hineinziehen.

Jürgen Habermas plädiert zu Recht gerade jetzt, wo der Point of no Return noch nicht erreicht ist, für Verhandlungen. Auch wenn eine relative Mehrheit der Deutschen eine militärische Unterstützung der Ukraine nach wie vor für richtig hält, gehen einer Mehrheit inzwischen die diplomatischen Bemühungen nicht weit genug.

Eckpunkte für eine Verhandlungslösung

Der Krieg zwischen der Ukraine und Russland ist ein zwischenstaatlicher Kampf um Unabhängigkeit und territoriale Integrität der Ukraine. Aber er ist mit der Zeit auch zu einem Stellvertreter-Krieg zwischen dem Westen und Russland geworden. Dieser Krieg ist zugleich ein Kampf um die zukünftigen geo-politischen Macht- und Kräfteverhältnisse.

Auf der geo-politischen Ebene geht es, so Vad, z.B. um ganz konkrete geo-strategische Interessen in den jeweiligen Vor- oder Hinterhöfen der Großmächte: »Die Schwarzmeerregion ist für die Russen und ihre Schwarzmeerflotte so wichtig wie die Karibik oder die Region um Panama für die USA. So wichtig wie das südchinesische Meer und Taiwan für China. So wichtig wie die Schutzzone der Türkei, die sie völkerrechtswidrig gegenüber den Kurden etabliert haben. Vor diesem Hintergrund und aus strategischen Gründen können die Russen da auch nicht raus.« (Vad 2023) Vad schließt daher den Einsatz von russischen Atomwaffen auch nicht grundsätzlich aus, sollte sich Russland infolge massiver westlicher Intervention aus der Schwarzmeerregion zurückziehen müssen.

Vad stellt konkret folgende Vorschläge zur Beendigung des Krieges auf dem Verhandlungswege zur Diskussion (ebd.):

- Befragung der Menschen im Donbass und auf der Krim, zu wem sie gehören wollen.
- Wiederherstellung der territorialen Integrität der Ukraine, mit bestimmten westlichen Garantien.
- Auch die Russen brauchen eine Sicherheitsgarantie. Also keine NATO-Mitgliedschaft für die Ukraine. Seit dem Gipfel von Bukarest von 2008 ist klar, dass das die rote Linie der Russen ist.
- Da Russland nicht einfach von der Landkarte verschwinden wird, muss perspektivisch auch die Frage nach einer europäischen Ordnung unter Einbeziehung Russlands gestellt werden. Auch wird Russland als Führungsmacht eines Vielvölkerstaates gebraucht, um aufflammende Kämpfe und Kriege zu vermeiden.
- Es muss sich in Washington eine breitere Front für Frieden aufbauen. Der Schlüssel für den Frieden liegt letztlich nicht bei der Ukraine, sondern in Moskau und Washington.

Außerdem kann die Ukraine nicht alleine über Zeitpunkt und Ziele möglicher Verhandlungen entscheiden. Diese apodiktische westliche Haltung verschleiert nur die tatsächlichen Differenzen in den jeweiligen Interessenslagen. »So operieren die westlichen Regierungen in einem weiteren geopolitischen Umkreis und müssen andere Interessen berücksichtigen als die Ukraine in diesem Krieg; sie haben rechtliche Verpflichtungen gegenüber den Sicherheitsbedürfnissen der eigenen Bürger und tragen auch, ganz unabhängig von den Einstellungen der ukrainischen Bevölkerung, eine moralische Mitverantwortung für Opfer und Zerstörungen, die mit Waffen aus dem Westen verursacht werden; daher können sie auch die Verantwortung für die brutalen Folgen einer nur dank ihrer militärischen Unterstützung möglichen Verlängerung des Kampfgeschehens nicht auf die ukrainische Regierung abwälzen.«[10] Dass der Westen (und auch die EU) wichtige Entscheidungen selber treffen und verantworten muss, zeige sich auch an jener Situation, die alle am meisten fürchten: nämlich an einem bestimmten Punkt vor die Alternative gestellt zu sein, entweder gegenüber Putin einzuknicken oder direkt zur Kriegspartei zu werden.

Im Hinblick auf Waffenstillstands- und Friedensverhandlungen wird auch die Frage möglicher territorialer Zugeständnisse der Ukraine an Russland nicht ausgeklammert werden können. Wolfgang Ischinger, früherer Leiter der Münchener Sicherheitskonferenz, hat unlängst im *Focus* der Ukraine

---

[10] Jürgen Habermas: Ein Plädoyer für Verhandlungen, in: Süddeutsche Zeitung vom 15.2.2023.

eine »territoriale Verlustperspektive« nahegebracht, wie die *FAZ* versteckt an einer eher unauffälligen Stelle im Feuilleton notiert: »Vielleicht läuft es auf eine solche Option hinaus, aber warum mit ihr zur Unzeit hausieren gehen.« (FAZ vom 18.2.23)

Abgesehen davon, dass jeder »Unzeit«-Tag Hunderten von Menschen Gesundheit und Leben zerstört, sind wir damit an einem der brisantesten Punkte der politischen Debatte angelangt. Da keine der beiden Kriegsparteien realistische Aussicht auf einen Siegfrieden hat, werden ein Waffenstillstand und mögliche anschließende Friedensverhandlungen nur dann zustande kommen, wenn die Ukraine nicht nur von einem NATO-Beitritt endgültig Abstand nimmt, sondern für sich grundsätzlich auch eine »territoriale Verlustperspektive« akzeptiert. Russland muss sich im Gegenzug u.a. bereit erklären, seine Truppen zumindest schrittweise aus der Ukraine zurückzuziehen. Speziell über den zukünftigen Status der Krim muss gesondert verhandelt werden.

Die neue Weltunordnung besteht fort. Auch an anderer Stelle – wie im geo-politischen Pulverfass des Nahen und Mittleren Ostens – drohen bereits bestehende Konflikte und Krisen zu eskalieren und zu neuen kriegerischen Auseinandersetzungen zu führen. Eine selbstkritische Revision der westlichen konfrontativen Geo-Strategie ist auch aus diesem Grund unabdingbar.

Sevim Dagdelen

Vor dem Bruch mit China

Wer in diesen Tagen auf die Entwicklung der Beziehungen zwischen den USA und der EU mit China schaut, muss sich zwangsläufig an die Eskalation des Westens im Verhältnis zu Russland vor dem Ukraine-Krieg erinnert fühlen. Die Zeichen stehen auf Sturm. Eine Reiseprovokation nach Taiwan jagt die nächste. US-Verbündete wie Japan rüsten massiv auf. Immer wieder gibt es vonseiten Washingtons neue Sticheleien gegen die Ein-China-Politik, auf die Peking dann mit groß angelegten Militärmanövern um Taiwan reagiert. Die deutsche Außenpolitik wirkt dabei wie ein an einen US-Kreuzer angehängtes Beiboot, das Mühe hat, sich durch die Ausläufer der Bugwellen zu kämpfen. Immer offensichtlicher und schärfer werden die Widersprüche zwischen einer Ausweitung der Handelsverflechtungen Deutschlands mit der Volksrepublik und den gleichzeitigen Vorbereitungen eines Handelskrieges mit dem Ziel einer Entkoppelung der eigenen Wirtschaft von China, um den Versuch der USA zu flankieren, Pekings Aufstieg zu verhindern oder doch zumindest zu bremsen.

NATO und EU sind dabei, China als Gegner zu beschreiben. Und Deutschland gibt vor, mit einer eigenen Indopazifik-Strategie und der Entsendung deutscher Kriegsschiffe und Kampfjets für Militärmanöver gegen China mitmischen zu wollen. Das Problem dieser Juniorpartnerschaft der Eskalation ist nicht nur eine Beteiligung an der Gefährdung des Weltfriedens, sondern im Gegensatz zum »senior fellow« USA auch eine radikale Gefährdung des eigenen Wohlstandsmodells durch eine Störung der deutsch-chinesischen Wirtschaftsbeziehungen. Konzeptlos taumelt man so auf die Katastrophe hin, und lässt sich von den Interessensvertretern von US-Konzernen in einen Abbruch der Wirtschaftsbeziehungen mit China hineintreiben, wo schon seine Vorbereitung Millionen an Arbeitsplätzen in der deutschen Industrie gefährden kann.

Wachsende Abhängigkeit von China

Geradezu paradox mutet die Ankündigung eines neuen Kalten Krieges gegen China bei gleichzeitiger Intensivierung der Wirtschaftsbeziehungen zwischen Deutschland und China an. Das Institut der Deutschen Wirtschaft klingt in seiner Studie »China-Abhängigkeiten der deutschen Wirtschaft: Mit Volldampf in die falsche Richtung« vom 19. August 2022 geradezu alarmistisch. Zusammenfassend wird dort das Dilemma der deutschen Politik gegenüber China wiedergegeben: »Die große wirtschaftliche Abhängigkeit von China ist spätestens nach den militärischen Drohgebärden Pekings gegenüber Taiwan als gravierendes Problem erkannt und soll möglichst bald reduziert werden. Das Gegenteil fand jedoch im ersten Halbjahr 2022 statt. Die deutschen Direktinvestitionsflüsse nach China waren noch nie so hoch. Auch die Importe aus China und das deutsche Defizit im Handel mit China erreichten ein Allzeithoch. Dagegen schwächte sich das deutsche Ausfuhrwachstum nach China stark ab und Chinas Exportanteil sank erneut. Der chinesische Markt soll offenbar immer mehr durch Produktion vor Ort statt durch Exporte bedient werden.«

China konnte seinen Anteil an den deutschen Importen im ersten Halbjahr 2022 auf 12,4% steigern (11,8% in 2021), die deutschen Warenimporte legten um 45,7% gegenüber dem ersten Halbjahr 2021 zu. Zum Vergleich: Die Niederlande als zweitwichtigstes Lieferland kommen gerade einmal auf 8,4 % bei den Einfuhren. Das deutsche Handelsdefizit mit China wuchs derweil auf fast 41 Mrd. Euro. Gerade bei den Einfuhren von Chemieprodukten konnte China seine Exporte »um fast 500 Prozent von 3,1 Milliarden Euro auf 18,5 Milliarden Euro«, steigern, so die IW-Studie.

Dies ist auch ein Ergebnis des sich ankündigenden Zusammenbruchs der deutschen Chemieindustrie als Konsequenz aus dem explosionsartigen Anstieg der Energiepreise infolge des Wirtschaftskriegs gegen Russland. Noch gravierender allerdings ist, dass Deutschland beim Kapitalexport nach China einen Spitzenplatz einnimmt und sage und schreibe 10 Mrd. Euro im ersten Halbjahr 2022 investiert hat – der bisherige Höchstwert lag bei 6,2 Mrd. Euro. Und während die deutsche Industrie massiv in die Produktion in China investiert, stagnieren die deutschen Ausfuhren de facto, an denen rund eine Million Arbeitsplätze hier hängen.

Angesichts dieses Szenarios ruft das IW dazu auf, gegenzusteuern. Es sei »die höchst dringliche Aufgabe der exponierten deutschen Firmen, das China-Geschäft so aufzustellen, dass auch dessen Kollaps nicht das gesamte Unternehmen in Existenznot bringt«. Wie dies allerdings zu bewerkstelligen wäre, dazu sagt man in dem Kölner Institut fast nichts. Nebulös heißt es, die deutsche Politik soll »bestehende positive Anreize für ein Engagement in China zeitnah abbauen«. Zudem setzt man beim IW auf eine Diversifizierung und den »Aufbau von Handels- und Investitionsbeziehungen mit anderen Schwellenländern, vor allem in Asien«. Fast scheint es, als würde man sich bereits abfinden mit der ökonomischen Katastrophe, die ein Wirtschaftskrieg gegen China für die Bevölkerung in Deutschland mit sich brächte.

Alles deutet darauf hin, dass sich die deutsche Industrie für einen Wirtschaftskrieg gegen China wappnet, bei dem sie dann in Teilen untergeht.

Da helfen auch die hilflosen Rufe nach einer präventiven Diversifizierung nicht viel, da gerade der erhebliche Kapitalexport in die Volksrepublik die Produktion deutscher Konzerne dort langfristig bindet, will man das Kapital nicht einfach abschreiben müssen.

Untergraben der Ein-China-Politik

Zentral bei der Vorbereitung der wirtschaftlichen Entkoppelung von China wird nunmehr als Legitimation die Taiwan-Frage genutzt. Taiwan ist nicht mehr Mitglied der Vereinten Nationen. Das Prinzip der Ein-China-Politik wurde mit der Aufnahme diplomatischer Beziehungen zwischen den USA so wie auch zwischen der Bundesrepublik Deutschland und der Volksrepublik China vom Westen in den 1970er-Jahren rückhaltlos anerkannt. Zu wichtig war es, die Konflikte zwischen der Sowjetunion und der Volksrepublik zu vertiefen. Man ließ Taiwan wie eine heiße Kartoffel fallen. Die Insel musste die UNO verlassen, und wurde in der Folge nur noch von einigen wenigen Ländern weltweit anerkannt. Diplomatische Kontakte Washingtons und Bonns bzw. Berlins mit Taipeh waren deshalb tabu. Jetzt aber versuchen insbesondere die USA durch die Aufwertung offizieller Kontakte mit Taiwan die Ein-China-Politik zu untergraben.

Der Taiwan-Besuch von Nancy Pelosi im August 2022, immerhin dritthöchste Repräsentantin der USA, war denn auch für Peking Anlass für scharfen Protest wie auch für umfangreiche Militärmanöver rund um die Insel. Die Volksrepublik China wies darauf hin, dass – was Taiwan angeht – die Entkolonisierung weiter hintertrieben würde. In der Tat ist die Erklärung zur Entkolonisierung der von Japan geraubten Territorien, am 1. Dezember 1943 in Kairo unterzeichnet von US-Präsident Franklin D. Roosevelt, General Chiang Kai-shek und dem britischen Premier Winston Churchill, eindeutig. Hier heißt es, dass »alle Territorien, die Japan von den Chinesen gestohlen hat, wie die Mandchurei, Formosa und die Pescadoren, an die Republik China zurückgegeben werden müssen«.

Auch aus allen anderen Gebieten, die Japan durch »Gewalt und Gier« erobert hatte, sollte Tokio vertrieben werden. In der Potsdamer Erklärung vom 26. Juli 1945 zwischen Harry S. Truman, Winston Churchill und Chiang Kai-shek wird diese Maßgabe bekräftigt und festgehalten, dass sich die japanische Souveränität auf die Hauptinseln Honshu, Hokkaido, Kyushu und Shinkoku sowie einige kleinere Inseln, die noch festzulegen seien, beschränken sollte. Auch im von der Volksrepublik China nicht mitunterzeichneten Friedensvertrag von San Francisco, der am 28. April 1952 in Kraft trat, ist der japanische Verzicht auf »Formosa und die Pescadoren« festgehalten.

Allerdings wurde hier nicht mehr erwähnt, an wen diese Territorien zurückgegeben werden sollten.

Ohne eine Abkehr von ihrer Ein-China-Politik deklariert zu haben, sind die USA mittlerweile bereit, Signale auszusenden, die darauf hindeuten, dass sie an einer Aufwertung der Beziehungen zu Taiwan interessiert sind, und auch eine einseitige Unabhängigkeitserklärung der Insel unterstützen würden und anerkennen könnten. Die USA hatten sich nach der diplomatischen Anerkennung der Volksrepublik 1979 verpflichtet, mit dem Taiwan Relations Act die Verteidigungsfähigkeit der Insel zu unterstützen. Anfang September 2022 wurde daher ein neues umfangreiches Rüstungspaket in Höhe von 1,1 Mrd. US-Dollar zugesagt. Zugleich sagte US-Präsident Joe Biden eine militärische Unterstützung bei einem Angriff Chinas auf Taiwan auch durch US-Soldaten zu. Peking sah darin einen schweren Verstoß gegen die Ein-China-Politik, und eine völkerrechtswidrige Ermutigung der Unabhängigkeitsbestrebungen Taiwans durch die USA.

Abhängigkeiten reduzieren

Infolge der Streitigkeiten um die Taiwan-Frage versuchen allen voran die deutsche Außenministerin Annalena Baerbock als auch der grüne Wirtschaftsminister Robert Habeck eine grundsätzliche Wende in den deutsch-chinesischen Beziehungen einzuleiten. »Die größte Bedrohung für unsere direkte Sicherheit heute ist Russland, aber China könnte zu unserer größten Bedrohung werden, weil sie eben nicht nur militärische Ambitionen haben, sondern wirtschaftlich eine ganz andere Rolle weltweit spielen«, so die deutsche Außenministerin im Umfeld des Madrider NATO-Gipfels in diesem Sommer. »Unsere wirtschaftlichen Abhängigkeiten zu reduzieren«, wenn auch »nicht komplett zu beenden«, müsse Ziel einer neu erarbeiteten Sicherheitsstrategie sein.

Für den Fall eines Angriffs Chinas auf Taiwan pochen Ampel-Politiker*innen auf die Verhängung von Wirtschaftssanktionen gegen Peking. Wirtschaftsminister Habeck drängt bereits jetzt mit Verweis auf Menschenrechtsverletzungen in der chinesischen Provinz Xinjiang auf einen härteren Kurs und auf wirtschaftliche Strafmaßnahmen gegenüber China. Alles deutet darauf hin, dass sich hier eine Eskalation anbahnt, an deren Ende die Zerstörung der deutsch-chinesischen Wirtschaftsbeziehungen mit verheerenden Folgen für Millionen Arbeitsplätze in Deutschland stehen könnte.

Der menschenrechtlich argumentierende Kurs Habecks, auf die Einführung von Sanktionen gegenüber China zu drängen, ist umso bemerkenswerter, als Menschenrechtsverletzungen in verbündeten Staaten wie Saudi-

Arabien oder in der Familiendiktatur Aserbaidschan keine Rolle spielen, und in diesen Fällen im Gegenteil auf eine massive Ausweitung der Handelsbeziehungen gedrängt wird. Im Fall der Autokraten-Scheichs hat die Ampel-Regierung sogar die Lieferung von Ausrüstung und Munition für Kampfflugzeuge bewilligt, ungeachtet der führenden Verantwortung Riads für 400.000 Opfer im Jemen-Krieg. So stehen alle Zeichen auf den Beginn eines Wirtschaftskrieges mit China, mit dem Ziel, einen geopolitischen Konkurrenten zu schädigen, an dessen Ende der Verlust des Modells vom Industriestaat Deutschland stehen könnte.

China herausfordern

Aber es geht nicht nur darum, China in Zukunft wirtschaftlich herauszufordern, sondern auch militärisch. Was wie deutsche Großmachtsucht und Wilhelminismus wirkt, wurde bereits unter der Großen Koalition auf die Schiene gesetzt: eine eigene Indo-Pazifik-Strategie zur Herausforderung Chinas im Pazifik und im Indischen Ozean. Die Ampel hat hierbei die Schlagzahl noch einmal deutlich erhöht. So werden im »Fortschrittsbericht zur Umsetzung der Leitlinien der Bundesregierung zum Indo-Pazifik 2022« zahlreiche »Projekte« aufgeführt, um in der Sprache der Bundesregierung zu sprechen, da im Indo-Pazifik »die Regeln der internationalen Ordnung durch einzelne Akteure zunehmend herausgefordert« werden. So habe Deutschland »seine Verantwortung für die Aufrechterhaltung der regelbasierten internationalen Ordnung mit einer Ausbildungs- und Präsenzfahrt der Fregatte BAYERN im Indo-Pazifik von August 2021 bis Februar 2022 unterstrichen«. Und im August 2022 habe man »Flugzeuge der Luftwaffe nach Australien verlegt, um an multinationalen Militärübungen teilzunehmen«.

Aber auch die politische Zusammenarbeit mit Staaten wie Vietnam wird angestrebt, offenbar allein mit dem Ziel, die Widersprüche in der Region zu schärfen. So rühmt man sich einer Aufwertung des »Rechtsstaatsdialogs« mit dem kommunistischen Vietnam, darunter auch Online-Dialoge des Bundesjustizministeriums mit der »Obersten Volksstaatsanwaltschaft« und dem »Obersten Volksgerichts« Vietnams, das der Nationalversammlung unterstellt ist, und dessen Mitglieder auf Vorschlag des Staatspräsidenten von der Nationalversammlung ernannt werden.

Besonderes Augenmerk richtet die Bundesregierung zudem auf die Zusammenarbeit mit dem autoritären Einparteienstaat Singapur, indem auch vermittels des neu gegründeten »Regionalen Deutschlandzentrums« über Facebook und Twitter über das deutsche Engagement in der Region informiert wird. Dabei geht es erklärtermaßen nicht um Journalismus, sondern um die Information über die »Positionen der Bundesregierung« mit dem Schwerpunkt etwa der medialen Vermittlung deutscher Waffenlieferungen an die Ukraine.

China im Fadenkreuz

China wird von der NATO zum Feindstaat Nr. 2 erklärt. Nicht anders lässt sich das neue strategische Konzept der NATO 2022 lesen, das neben Russland die Volksrepublik ins Visier nimmt. »Autoritäre Akteure stellen unsere Interessen, unsere Werte und unsere demokratische Lebensweise infrage«, beschreibt die NATO im Juni 2022 die Bedrohungslage. Bei dieser Analyse spielt jedoch keine Rolle, dass sowohl innerhalb der NATO autoritäre Regime wie die Türkei und Ungarn gut integriert sind, als auch außerhalb der NATO Diktaturen wie Saudi-Arabien, die Emirate oder Katar zu den besten Verbündeten des westlichen Militärpakts zählen. Insofern scheint die alleinig geopolitisch motivierte und instrumentelle Orientierung hinter der Bedrohungsskizze der NATO auf. Es geht allein darum, als unbotmäßig und als autoritär identifizierte Akteure anzugehen.

Der Vorwurf an China ist denn auch seine »strategische Partnerschaft« mit Russland und deren zugeschriebene Versuche, »die regelbasierte internationale Ordnung zu unterhöhlen«. Zwar wird betont, dass man »für konstruktive Gespräche mit der Volksrepublik China mit dem Ziel der Wahrung der Sicherheitsinteressen des Bündnisses offen« bleibe. Allerdings ist dies nicht mehr als eine versteckte Drohung. Im Kern geht es darum, anderen Staaten vorzuschreiben, was sie zu tun und zu lassen haben. Das NATO-Konzept bewegt sich deshalb im Dunstkreis eines Neokolonialismus, der die eigene Ordnung weltweit zugunsten der Interessen seiner Konzerne durchsetzen will. Zum ersten Mal wird deshalb auch offen Front gegen China gemacht. »Die von der Volksrepublik China erklärten Ziele und ihre Politik des Zwangs stellen unsere Interessen, unsere Sicherheit und unsere Werte vor Herausforderungen«, formuliert die NATO. Dies angesichts einer Politik des völkerrechtswidrigen Zwangs eines Großteils ihrer Mitglieder und der Organisation insgesamt wie in Libyen 2011 oder im 20 Jahre währenden Krieg der Allianz in Afghanistan.

China wird zudem vorgeworfen, dass von ihm »systemische Herausforderungen für die euro-atlantische Sicherheit« ausgehen, und dass es ein »weites Spektrum an politischen, wirtschaftlichen und militärischen Instrumenten« einsetzt, um seinen »weltweiten Fußabdruck« und seine »Machtprojektion« zu vergrößern. Der Vorwurf fällt auf die NATO selbst zurück, da von den USA weltweit über 800 Militärbasen unterhalten werden. China hat einen einzigen Militärstützpunkt im Ausland, im ostafrikanischen Dschibuti.

Die Bundesregierung trägt dieses NATO-Konzept, das auf eine globale Dominanz zielt und die Brechung der in der UN-Charta verankerten Staatensouveränität, voll und ganz mit. In der Logik dieses strategischen Konzepts liegt eine deutsche Außenpolitik, die sich der Hybris befleißigt, an der Seite der USA China militärisch und ökonomisch entgegentreten zu wollen, und die dabei bewusst riskiert, die engen deutsch-chinesischen Wirtschaftsverflechtungen aufzulösen. Deutschlands Außenamtschefin Baerbock versprach ganz im Sinne dieser Großmannssucht Taiwan Unterstützung gegen die Volksrepublik China. »Wir akzeptieren nicht, wenn das internationale Recht gebrochen wird und ein größerer Nachbar völkerrechtswidrig seinen kleineren Nachbarn überfällt – und das gilt natürlich auch für China«, so die grüne Ministerin, die offen ließ, ob dies auch militärische Unterstützung bedeuten könne. Der Autor Stefan Weidner kritisierte in der FAZ vom 12. September 2022 pointiert derlei »Politik ohne Geländer« als »schrankenlose westliche Überheblichkeit«. Baerbock habe eine »unfreiwillige Steilvorlage« für China geliefert: Nach UN-Resolution 2758 vom 25. Oktober 1971 vertritt die Volksrepublik China »Gesamtchina«, also auch Taiwan. Man könne das bedauerlich finden, so Weidner, »es bedeutet aber, dass China in dieser Frage näher am Völkerrecht liegt als Annalena Baerbock oder Nancy Pelosi«.

Die Bundesregierung sieht sich gegenüber China offenbar in der Rolle des Hilfsweltpolizisten. Dabei aber steht ihr trotz des gigantischen Aufrüstungspakets für die Bundeswehr kein probates militärisches Mittel zur Verfügung, um ihre Schutzversprechen und Herrschaftsansprüche im Pazifik und im Indischen Ozean zu realisieren.

Romantische Außenpolitik

Die Bundesregierung ist dabei, gegenüber China auf eine romantische Außenpolitik zu setzen. Unter Verweigerung der Realitäten und unter dem hohen Risiko einer wirtschaftlichen Apokalypse infolge eines erwünschten Wirtschaftskriegs gegen China wird zum einen das eigene interessengeleitete Handeln als moralisch höherstehend verklärt, und zum anderen hinter der Fassade einer wertegeleiteten Außenpolitik ein harter Neokolonialismus versteckt, der darauf zielt, den wirtschaftlichen Aufstieg Chinas zu verhindern und eigene Weltmachtansprüche dagegen zu setzen. Ganz bewusst versteht man sich dabei als Akteur, der bereit ist, Millionen Arbeitsplätze im eigenen Land und den Ruin der eigenen Wirtschaft zu riskieren.

Die Verarmung der Mehrheit der Bevölkerung in Deutschland scheint der Bundesregierung als Preis nicht hoch genug, um ihre eigenen imperialen Ansprüche zu befriedigen.

Wir haben es hier mit einer Verkehrung des Sozialimperialismus zu tun. Während der Sozialimperialismus des 19. Jahrhunderts darauf zielte, die eigene Bevölkerung durch den kolonialen Raub ruhig zu stellen, um so eine Revolution zu verhindern, zielt die Bundesregierung heute geradezu auf die Verarmung der eigenen Bevölkerung durch ihre expansive Außenpolitik. Träumerisch geht es dem Abgrund entgegen, während man die Profitinteressen des militärisch-industriellen Komplexes und der US-Fracking-Industrie massiv bedient. Nur eine radikale Kehrtwende hin zu einer Verständigung mit China vermag diese selbstzerstörerische Strategie, die die Weltkriegsgefahr massiv erhöht, noch zu verhindern. Mit einer im Kern Wilhelminischen Außenpolitik aber wird man scheitern. Denn alles deutet darauf hin, dass der Widerstand im Globalen Süden gegen diese Diktatversuche so nur noch verstärkt wird.

Uwe Hiksch

Imperiale Machtpolitik: Grundlage für die Neuaufteilung der Welt

Weltweit nehmen die Krisen zu und stellen die bisherigen geopolitischen Machtverhältnisse immer weiter infrage. Klimakrise, Finanzkrisen, Wachstumskrisen und Absatzkrisen bestimmen das heutige weltpolitische Geschehen. Weltweit findet »eine Rückkehr älterer Risiken – Inflation, Lebenshaltungskostenkrisen, Handelskriege, Kapitalabflüsse aus Schwellenländern, weitverbreitete soziale Unruhen, geopolitische Konfrontationen und das Gespenst eines Atomkriegs«, statt und wird »durch vergleichsweise neue Entwicklungen in der globalen Risikolandschaft verstärkt, darunter ein untragbares Schuldenniveau, eine neue Ära niedrigen Wachstums, geringer globaler Investitionen und Entglobalisierung, ein Rückgang der menschlichen Entwicklung nach Jahrzehnten des Fortschritts, eine schnelle und ungebremste Entwicklung von Technologien mit doppeltem Verwendungszweck (zivil und militärisch), und der wachsende Druck der Auswirkungen des Klimawandels«.[1]

Die Regierungen der Staaten wissen, dass sich in diesem krisenhaften Umfeld ihre bisherige Position auf den Weltmärkten radikal verändern kann, und sie deshalb ihr strategisches Handeln im Rahmen dieser Krisen neu ausrichten müssen. Die westlichen Staaten sind sowohl in ihrer ökonomischen als auch in ihrer politischen Vormachtstellung bedroht, die von der US-amerikanischen Regierung erhoffte, unipolare Weltordnung geht ihrem Ende zu. Staaten wie Indien oder China, aber auch regionale Zusammenschlüsse wie ALBA[2] oder internationale Zusammenschlüsse wie der BRICS-Staaten[3] gefährden die bisherige einseitige Dominanz der westlichen Länder.

Den westlichen Regierungen ist klar, dass sie aus einer strategisch defensiven Lage heraus handeln, da sie der aktuellen Dynamik der Entwicklung in China nur bedingt ökonomische Erfolge entgegensetzen können. Während die USA im Jahr 2011 noch 23% Anteil am weltweiten Bruttoinlandsprodukt (BIP) hatte, geht eine Studie der OECD aus dem Jahr 2012 davon

---

[1] Global Risk Report 2023, in: Redaktion Sozialismus.de, Ein »unsicheres und turbulentes Jahrzehnt«, auf: Sozialismus.deAktuell vom 12.1.2023.

[2] ALBA (vollständiger Name: Alianza Bolivariana para los Pueblos de Nuestra América – Tratado de Comercio de los Pueblos, kurz: ALBA-TCP) wurde 2004 von Venezuela und Kuba gegründet. Mitglieder sind, u.a. Bolivien, Kuba, Nicaragua, Venezuela.

[3] Die Abkürzung »BRICS« steht für die Anfangsbuchstaben der fünf zugehörigen Staaten Brasilien, Russland, Indien, China und Südafrika.

aus, dass dieser Anteil im Jahr 2030 auf 18% zurückgeht, während der Anteil Chinas in diesem Zeitraum von 17% auf 28% ansteigen wird.[4] Im Jahr 2021 hatte China real mit 18,56% am globalen BIP[5] die USA (15,69 %) bereits weit hinter sich gelassen. Auch Länder wie Indien (6,95 %), Japan (3,82 %), Russland (3,07 %) oder Brasilien (2,34 %) haben sich zu wichtigen internationalen Konkurrenten entwickelt. So liegen Deutschland (3,33 %), Großbritannien (2,32 %) und Frankreich (2,29 %) heute nur noch an fünfter, neunter bzw. zehnter Stelle im weltweiten Ranking. Infolge dieser Entwicklung hat sich in den letzten Jahrzehnten eine ständig aggressivere Außenpolitik der westlichen Staaten zur Sicherung ihrer ökonomischen Position gegen ihre neuen Konkurrenten durchgesetzt.

Gleichzeitig führt die heutige Überakkumulationskrise des Kapitalismus zu einer zunehmenden Konkurrenz innerhalb der Hauptmächte der Weltökonomie, und zu einer immer größer werdenden Ausbeutung der Länder des Globalen Südens. Aufgrund der beschleunigten Kapitalakkumulation seit Anfang der 1970er-Jahre, die zu einem riesigen Überfluss an Finanzvermögen geführt hat, sehen sich die Regierungen der kapitalistischen Hauptländer gezwungen, ihre Außen- und Sicherheitspolitik auf die Forderungen der internationalen Konzerne zu fokussieren und neue Rohstoff- und Absatzmärkte für die jeweiligen nationalen und regionalen Kapitale zu sichern. Auch innerhalb der imperialen Hauptmächte, auf der einen Seite die USA, und auf der anderen Seite die Staaten der EU mit der Führungsmacht Deutschland, nehmen die innerimperialen Widersprüche deutlich zu.

Die Regierungen der großen imperialen Staaten versuchen diese geopolitischen Spannungen und ihre Interessen hinter »Werten« zu verstecken. So sprechen sie von »menschenrechtsbasierter Außenpolitik«, »Schutz der westlichen Werte« oder von der »Konkurrenz zwischen den westlichen Demokratien und den autokratischen Staaten«.

Mit seiner Rede am 27. Februar 2022 im Deutschen Bundestag[6] hat Bundeskanzler Olaf Scholz eine grundsätzliche Veränderung der bisherigen Linie der Bundesregierung vorgenommen. Mit fünf Punkten hat er ein Sondervermögen von 100 Mrd. Euro für die Bundeswehr, mehr Geld für den

---

[4] Martin Greive: Deutschland wird zum größten Verlierer der Welt, in: Die Welt, 10.11.2012, siehe: www.welt.de/wirtschaft/article110874514/Deutschland-wird-zum-groessten-Verlierer-der-Welt.html.

[5] Statista: Die 20 Länder mit dem größten Anteil am kaufkraftbereinigten globalen Bruttoinlandsprodukt (BIP) im Jahr 2021, siehe: https://de.statista.com/statistik/daten/studie/166229/umfrage/ranking-der-20-laender-mit-dem-groessten-anteil-am-weltweiten-bruttoinlandsprodukt/.

[6] Presse- und Informationsamt der Bundesregierung: Reden zur Zeitenwende. Olaf Scholz, September 2022, S. 7ff.

Rüstungshaushalt, die Entwicklung der nächsten Generation von Kampfflugzeugen und Kampfpanzern, die Anschaffung der bewaffneten Heron-Drohnen aus Israel und die Weiterführung der nuklearen Teilhabe durch die Anschaffung der US-amerikanischen F 35-Kampfflugzeuge angekündigt. Scholz betonte, dass diese sogenannte Zeitenwende »ganz Europa«[7] betreffe. Er kündigte an, dass der Krieg in der Ukraine »eine Zäsur, auch für unsere Außenpolitik«,[8] bedeute.

In seiner Rede an der Karls-Universität in Prag am 29. August 2022 ging Scholz noch einen Schritt weiter und stellte die Frage, »wo künftig die Trennlinie […] zwischen diesem freien Europa und einer neoimperialen Autokratie«[9] verlaufe. Er kündigte an, dass die Ukraine »in den nächsten Wochen und Monaten […] neue, hochmoderne Waffen, Luftverteidigungs- und Radarsysteme etwa oder Aufklärungsdrohnen«[10] erhalte und dieses »Paket an Waffenlieferungen einen Wert von mehr als 600 Millionen Euro«[11] habe. Er forderte eine »stärkere, souveränere, geopolitische Europäische Union […], die ihren Platz in der Geschichte und Geografie des Kontinents kennt und stark und geschlossen in der Welt handelt«.[12] Damit beschreibt er in den beiden Reden – auch als Folge des Überfalls Russlands auf die Ukraine – eine außen- und sicherheitspolitische »Zeitenwende«, die er in seiner Kanzlerschaft offensiv voranbringen will.

Intensiv wird dieser Kurs der Aufrüstung von Bündnis 90/Die Grünen und einem großen Teil der FDP unterstützt, während es innerhalb der SPD noch viele Mahner*innen gibt, die ihn für problematisch halten und einen Weg hin zur Verständigung, Abrüstung und Entspannungspolitik einfordern. Am deutlichsten zeigt sich diese »Zeitenwende« in einer nie da gewesenen Rüstungsspirale, die in nahezu allen NATO-Ländern, aber auch in China, immer mehr an Fahrt gewinnt.

Militärausgaben steigen immer weiter in die Höhe

Die globalen Militärausgaben bewegen sich derzeit auf einem Rekordhoch. Weltweit werden laut SIPRI (Stockholm International Peace Research Institute) mehr als zwei Bio. US-Dollar für Militär ausgegeben. Dabei waren die Spitzenreiter im Jahr 2021 die USA mit 801 Mrd. US-Dollar, China mit 293 Mrd.

---

[7] Ebd., S. 17.
[8] Ebd., S. 18.
[9] Ebd., S. 23.
[10] Ebd., S. 25.
[11] Ebd.
[12] Ebd., S. 27

US-Dollar, Indien mit 76,6 Mrd. US-Dollar, Großbritannien mit 68,4 Mrd. US-Dollar, Russland mit 65,9 Mrd. US-Dollar, Frankreich mit 56,6 Mrd. US-Dollar und Deutschland mit 56 Mrd. US-Dollar. In den vergangenen zehn Jahren ist das weltweite Militärbudget real um 9% angestiegen.

Nachdem beim NATO-Gipfel am 11. Juli 2018 in Brüssel bestätigt wurde, dass eine grundsätzliche Anhebung der Rüstungsausgaben bis zum Jahr 2024 angestrebt wird, hat sich die massive Aufrüstungsspirale innerhalb der NATO-Staaten deutlich intensiviert. Dabei darf jedoch nicht übersehen werden, dass die »Frage nach einer gerechten Lastenverteilung […] ein seit längerem schwelender Verteilungskonflikt innerhalb des nordatlantischen Verteidigungsbündnisses«[13] ist. In der deutschen Debatte wurde die Diskussion über die von US-Präsident Trump mehrere Male vorgetragene Forderung nach einem Anstieg der Rüstungsausgaben in allen NATO-Staaten auf mindestens 2% des BIP von den Rüstungspolitiker*innen freudig aufgegriffen und eine massive Anhebung des Rüstungshaushaltes gefordert. Während Trump mit seiner Forderung vor allem eine Entlastung des US-amerikanischen Haushaltes verband, wurde die Debatte in Deutschland zu einer grundsätzlichen Frage der »fehlenden Einsatzfähigkeit der Bundeswehr« aufgeladen. Heute wird die Forderung nach einer massiven Aufrüstung in Deutschland vor allem mit dem Krieg in der Ukraine und der dadurch definierten »Zeitenwende« begründet. Die Aufrüstung der NATO-Staaten ist jedoch seit mehr als 15 Jahren immer weiter forciert worden und hatte anfangs keinerlei verbale Verbindung mit den Entwicklungen in der bzw. um die Ukraine, sondern basierte »auf einem entsprechenden Ziel des NATO-Verteidigungsbündnisses«.[14]

Schon heute sind die Rüstungsausgaben der NATO-Staaten exorbitant hoch. Zusammen haben sie im Jahr 2021 fast 1,18 Bio. US-Dollar für Rüstung ausgegeben. Dies entsprach einem Anstieg um 5,8% innerhalb eines Jahres.[15] »Zum Vergleich: Das Verteidigungsbudget Russlands wurde vom Internationalen Institut für Strategische Studien (IISS) zuletzt auf gerade einmal 62,2 Milliarden US-Dollar (56 Mrd. Euro) geschätzt.«[16]

Das Zwei-Prozent-Ziel der NATO wurde bereits im Jahr 2002 beim NATO-Gipfel in Prag als Zielbestimmung festgelegt, und beim NATO-Gipfel in Wales

---

[13] Hubertus Bardt: Deutsche Verteidigungsausgaben seit dem Ende des Kalten Krieges, in: Wirtschaftsdienst, Jahrgang 2018, Heft 9, S. 680, siehe: https://archiv.wirtschaftsdienst.eu/jahr/2018/9/deutsche-verteidigungsausgaben-seit-dem-ende-des-kalten-krieges/.

[14] Ebd.

[15] dpa, Laut jüngstem Bericht: Verteidigungsausgaben der Nato-Staaten deutlich gestiegen, in: Tagesspiegel, 31.03.2022, siehe: www.tagesspiegel.de/politik/verteidigungsausgaben-der-nato-staaten-deutlich-gestiegen-5139610.html.

[16] Ebd.

im Jahr 2014 noch einmal bestätigt. Durch die massiven Aufrüstungsprogramme und die Zuspitzung der geopolitischen Ziele auf die strategische Konkurrenz zwischen »demokratischen« und »autoritären« Staaten sind die NATO-Länder diesem Ziel einen deutlichen Schritt entgegengekommen. Beim NATO-Gipfel in Madrid im Dezember 2022 wurde beschlossen, dass »das zivile Budget im kommenden Jahr um rund 28% auf 370,8 Millionen Euro [...], das Militärbudget um rund 26% auf 1,96 Milliarden Euro«[17] ansteigen soll. Zwischenzeitlich will nach Angaben von NATO-Generalsekretär Jens Stoltenberg »ein Teil der Alliierten das derzeitige Zwei-Prozent-Ziel deutlich verschärfen [...] ›einige Verbündete sind entschieden dafür, aus dem gegenwärtigen Zielwert von zwei Prozent einen Mindestwert zu machen‹«.[18]

Die geopolitische Strategie der US-Regierung

Die Wahl von Joe Biden zum USA-Präsidenten hatte bei vielen westeuropäischen Linken die Hoffnung geweckt, dass die neue Regierung der Vereinigten Staaten die internationale Zusammenarbeit wieder aufnehmen wird, insbesondere mit Ländern des Globalen Südens. Der Slogan »America is back« und Bidens Zusage, wieder eine »moralische Führungsrolle« zu übernehmen, ließ eine Entspannung innerhalb der Konflikte zwischen den europäischen Staaten und den USA erwarten.

Mit der Entscheidung, wieder in das Pariser Klimaabkommen zurückzukehren, sich für eine Wiederbelebung der G7 einzusetzen und sich als Gastgeber eines multilateralen Gipfels für Demokratie zu profilieren, legte Biden ideologisch wichtige Grundlagen für eine Verbesserung des Verhältnisses zwischen den EU-Staaten und den USA. Auch seine konkreten Initiativen zur Verbesserung der transatlantischen Zusammenarbeit und einer Intensivierung der Kooperation innerhalb der NATO-Staaten, die vor allem als Drohkulisse gegen China und Russland durchgeführt wurden, gaben für die EU-Länder Anlass zur Hoffnung auf die Rückkehr des »alten Westens«.

Biden machte dabei aber unmissverständlich deutlich, dass seine Politik dazu führen soll, dass die USA wieder zu ihrer traditionellen Rolle als internationale Führungsmacht zurückkehren, und die internationale Kooperation, insbesondere mit den sogenannten demokratischen Verbündeten, hierzu ein wichtiges Instrument sei.

---

17 Jürgen Wagner, NATO: Mehr Geld, IMI-Aktuell 2022/589, in: Informationsstelle Militarisierung, 16.12.2022, siehe: www.imi-online.de/2022/12/16/nato-mehr-geld/.

18 Jürgen Wagner, NATO-Gipfel: 2%-Plus?, IMI-Aktuell 2023/006, in: Informationsstelle Militarisierung, 3.1.2023, siehe: www.imi-online.de/2023/01/03/nato-gipfel-2-plus/.

Diese argumentative und strategische Annäherung an die europäischen Staaten änderte jedoch eben nichts an der bisherigen Politik der USA, weiterhin einseitige unilaterale Entscheidungen zu treffen und dabei die Interessen anderer Staaten zu missachten. Es zeigt sich immer deutlicher, dass Präsident Biden und sein Außenminister Blinken keine Rekonstruktion der Obama-Außenpolitik anstreben, vielmehr wird die konfrontative Positionierung der USA gegenüber China noch offensiver betrieben.

Bereits mit dem Amtsantritt von Biden wurden die Versuche, eine Ostverschiebung der NATO weiter zu forcieren, aktiv vorangetrieben, und mit der Verlegung von US-amerikanischen Truppen an die Ostgrenze der NATO wurden Fakten geschaffen. Die Regierung Biden suchte von Anfang an eine militärische und politische Konfrontation mit Staaten wie China, Russland, aber auch dem Iran. Weiter versucht sie, die Gegner der sozialdemokratischen und linken Regierungen in Südamerika zu fördern und politisch zu unterstützen, um den zurückgegangenen Einfluss in dieser Region wieder zu verbessern.

Von Anfang an hat Biden in seinen Reden eine klare Bedrohungsanalyse aufgezeigt. Seine Hauptgegner sind dabei Russland und China. Er bettet seine Politik in die Forderung nach einer »strategischen Konkurrenz« mit China ein und behauptet, dass »sich die Welt in einer fundamentalen Auseinandersetzung zwischen Demokratie und Autokratie befindet«.[19] In der National Security Strategy wird China langfristig als Hauptgegner dargestellt, denn China sei »weltweit der einzige Wettbewerber, der sowohl die Absicht als auch die Kapazitäten habe, die internationale Ordnung neu zu gestalten«.[20]

Mit dem Motiv der demokratischen Solidarität gegen Autoritarismus versucht Präsident Biden eine engere Zusammenarbeit des »Westens« gegen »Bedrohungen« zu formen. Anders als bei der Vorgängerregierung wird die NATO wieder als wichtiger Teil der US-amerikanischen Außenpolitik dargestellt. Biden versucht intensiv, die finanziellen Lasten seiner Außen- und Sicherheitspolitik auch auf andere Staaten zu verlagern. Diese Strategie setzt jedoch voraus, das bisherige »America first«-Konzept durch eine integrativere Argumentation zu ersetzen. Biden macht dies u.a. dadurch, dass er die Demokratie als Ordnungsprinzip beschreibt und sich von seinem Vorgänger Trump, der China nicht als systemischen Rivalen sah, deutlich abgrenzt. »Mit Blick auf China bauen die USA ihre Beziehungen zu den autoritären Staaten Thailand und Vietnam ebenso aus wie zu Indien und den Philippinen, zwei

---

[19] Peter Rudolf, Kollektive Gegenmachtbildung – US-Chinapolitik unter Präsident Biden, in: SWP-Aktuell, 2.1.2022, S. 1.

[20] German Foreign Policy, Die Nationale Sicherheitsstrategie, 27.1.2023.

Staaten, die als ›illiberale Demokratien‹ bezeichnet werden könnten.«[21] Die Biden-Regierung bekräftigt in der Interim National Security Strategic Guidance vom März 2021, dass sie »sich in der strategischen Konkurrenz mit China oder jeder anderen Nation durchsetzen (prevail)« will. War unter Präsident Trump meist die Rede von »great power competition«, so wurde unter Biden »strategic competition« zu einer Art programmatischem Konzept für die Chinapolitik.[22]

Biden versucht, die Vereinigten Staaten als Trägerin eines »werte-, regel- und allianzbasierten Multilateralismus«[23] darzustellen. Mit dem ideologischen Motiv »der demokratischen Solidarität wider den ausgreifenden Autoritarismus werden eine klare Bedrohungsanalyse und eine zumindest nachvollziehbare Strategie«[24] präsentiert und der Versuch unternommen, die westlichen Staaten unter Führung der USA zu versammeln. Spätestens mit dem völkerrechtswidrigen Angriff der russischen Armee auf die Ukraine ist die Sammlungsbewegung deutlich beschleunigt worden.

Unter Biden tritt die US-amerikanische Außenpolitik diplomatischer auf, aber an den geoökonomischen Kernpunkten der China-Politik hat sich wenig geändert. »Nach dem Ansinnen Washingtons darf dem strategischen Rivalen China künftig nicht mehr durch wirtschaftlichen Austausch geholfen werden, ökonomisch und technologisch aufzusteigen«.[25] Die Regierung Biden setzt dabei auch zunehmend auf Sanktionen gegen Staaten, wenn sie die von den USA geforderten Handlungen nicht zur Zufriedenheit der US-Regierung erfüllen.

Die USA sind heute größter Erdölförderer der Welt mit 18,88 Mio. Barrel am Tag, weit vor Saudi-Arabien (10,84 Mio. Barrel) und Russland (10,87 Mio. Barrel).[26] Auch bei den größten Erdölexporteuren liegen die USA (158,1 Mio. Tonnen) im Jahr 2021 nach Saudi-Arabien (334,4 Mio. Tonnen), Russland (232,4 Mio. Tonnen), Kanada (189,3 Mio. Tonnen) und Irak (170,3 Mio. Tonnen) an fünfter Stelle.[27] Aufgrund dieser Entwicklung zur Öl- und Gasexportnation,

---

[21] Peter Rudolf, Kollektive Gegenmachtbildung – US-Chinapolitik unter Präsident Biden, in: SWP-Aktuell, 2.1.2022, S. 2.

[22] Ebd., S. 3.

[23] Thomas Kleine-Brockhoff, in: Internationale Politik, 1.9.2021, siehe: https://internationalepolitik.de/de/biden-und-die-folgen.

[24] Ebd.

[25] Dr. Josef Braml, Geoökonomische Rivalität zwischen den USA und China, in: DGAP Analyse, US-Wahl 2020. Neustart für das transatlantische Verhältnis, November 2020, S. 16.

[26] Anzél Killian, Die weltweit größten Ölproduzenten, in: IG, ohne Datum, siehe: www.ig.com/de/trading-strategien/die-weltweit-groessten-oelproduzenten-201030.

[27] Dörte Neitzel, Erdöl: Die größten Förder- und Exportländer, in: Technik und Einkauf, 6.4.2017 (aktualisiert: 22.7.2022), siehe: www.technik-einkauf.de/rohstoffe/erdoel-die-groessten-foerder-und-exportlaender-109.html.

haben die USA ihren strategischen Fokus auf den Nahen und Mittleren Osten etwas zurückgenommen und auf Asien ausgerichtet.

Vor diesem Hintergrund setzt die Biden-Regierung auf eine Politik der Sanktionen gegen missliebige Regierungen und der Unterstützung von Regierungen, die sich weiterhin dem Diktat der USA fügen. Die US-Regierung hat in Lateinamerika eine klare Agenda »Demokratieförderung, Migrationsbegrenzung und Eindämmung des chinesischen Einflusses«.[28]

Zudem haben die südamerikanischen Staaten die Chancen genutzt, in den letzten Jahren ihre internationalen Verbindungen durch Verträge und die Ausweitung von Handelsbeziehungen zu anderen Regionen zu diversifizieren. »Die Region hat ein strategisches Interesse daran, chinesische Kredite und Investitionen zu erhalten und seine Rohstoffe und Nahrungsmittel weiterhin auch an China und Russland zu liefern. Kein einziges Land des Subkontinents hat daher aufgrund des Ukrainekrieges – der als europäisches Problem gesehen wird – Sanktionen gegen Russland verhängt.«[29]

Ökonomisch sind die USA jedoch weiterhin von riesigen Handelsbilanzsalden betroffen. Seit 2011 ist der Handelsbilanzsaldo nicht unter 700 Mrd. US-Dollar gesunken. Von 2020 bis 2021 ist der Saldo von 982 Mrd. US-Dollar auf den Rekordwert von 1,182 Mrd. US-Dollar angestiegen.[30] Für das Jahr 2022 wird ein Außenhandelsdefizit der USA von 948,1 Mrd. Dollar[31] erwartet. Durch die aktuelle Politik, die zu einem signifikanten Anstieg der Exporte von Öl und Gas geführt hat, geht dieses exorbitante Außenhandelsdefizit aktuell leicht zurück.

Für die USA zeigt sich jedoch seit mehr als 40 Jahren, dass ihr Anteil im weltweiten BIP stetig zurückgeht. Während der Anteil der USA am kaufkraftbereinigten globalen BIP 1980 noch 21,3 % betrug, sank er im Jahr 2000 auf 20,3 %, 2010 auf 16,69 % und 2022 auf 15,47 %. Bis zum Jahr 2026 wird ein Absinken auf 14,53 % prognostiziert.[32] Durch diese Entwicklung haben sich

---

[28] Sandra Weiss, Rebellion im Hinterhof, in: IPG, 03.06.2022, siehe: www.ipg-journal.de/regionen/lateinamerika/artikel/rebellion-im-hinterhof-5976/.

[29] Ebd.

[30] Statista, USA: Handelsbilanzsaldo von 2011 bis 2021, siehe: https://de.statista.com/statistik/daten/studie/15635/umfrage/handelsbilanz-der-usa/.

[31] dpa-AFX, USA: Defizit in der Handelsbilanz weitet sich aus, in: Investing.com, 07.02.2023, siehe: https://de.investing.com/news/economic-indicators/usa-defizit-in-der-handelsbilanz-weitet-sich-aus-2361329.

[32] Alle Werte aus: Statista, USA: Anteil am kaufkraftbereinigten globalen Bruttoinlandsprodukt (BIP) von 1980 bis 2021 und Prognosen bis 2027, 2023, siehe: https://de.statista.com/statistik/daten/studie/166810/umfrage/anteil-der-usa-am-globalen-bruttoinlandsprodukt-bip/.

die »Machtverhältnisse in der Weltpolitik und Weltwirtschaft [...] seit dem Beginn des 21. Jahrhunderts nachhaltig verschoben«.[33]

Im Jahr 2021 lag der Gesamtwert des US-Warenhandels mit China bei 657,4 Mrd. US-Dollar, wovon rund 151,1 Mrd. US-Dollar auf den Export und rund 506,4 Mrd. US-Dollar auf den Import von Waren entfielen. Um dieses riesige Handelsbilanzdefizit auszugleichen, müssen die USA jeden Tag etwa drei Mrd. US-Dollar auf den internationalen Kapitalmärkten leihen. »Größter Kreditgeber hierfür ist China, das mit seinen Währungsreserven massenhaft amerikanische Staatsanleihen kauft.«[34]

Geopolitisch stehen die USA an einem Scheideweg: Schaffen sie es, mithilfe ihrer strategischen Partner die ökonomische Konkurrenz aus China einzuhegen und eine politische Allianz gegen China zu schmieden, oder muss sich die US-Regierung auf eine neue, nicht mehr allein dominierende geopolitische Rolle einstellen? In einer Analyse der Deutschen Gesellschaft für Auswärtige Politik (DGAP) wird als mögliche strategische Ausrichtung einer zukünftigen US-amerikanischen Außenpolitik das Szenario entwickelt, dass »Europa auf seinem eigenen Kontinent die Stellung halten könnte (mit Unterstützung der Amerikaner), sodass die USA Ressourcen für ihr Engagement im Pazifik freisetzen könnten«.[35] Die bisherigen Entwicklungen lassen vermuten, dass der aktuelle ökonomische Siegeszug Chinas auch in den nächsten Jahren die ökonomische Vormachtstellung der USA und der EU weiter einschränken wird, und vor allem für viele Staaten im Globalen Süden eine attraktive Alternative zu den bisherigen imperialen Forderungen der Staaten des Globalen Nordens bietet. Dem versuchen die USA mit einer groß angelegten diplomatischen und militärischen Offensive entgegenzuwirken.

Die geopolitische Entwicklung der Europäischen Union

In seiner Rede auf dem Brüsseler Wirtschaftsforum 2020 machte der Präsident des Europäischen Rates, Charles Michel, das Konzept der angestrebten »strategischen Autonomie Europas« deutlich: »Wir senden nicht nur unseren Bürgerinnen und Bürgern eine Botschaft, sondern auch dem Rest der

---

[33] Ursula Bauer-Hailer/Sebastian Debes: Die EU, USA und China – drei Kraftzentren der Weltwirtschaft im Vergleich, in: Statistisches Monatsheft Baden-Württemberg, Monatsheft 5/2020, S. 3, siehe: www.statistik-bw.de/Service/Veroeff/Monatshefte/20200501.

[34] Jörg Hackhausen: Wie China den Dollar knacken will, in: Handelsblatt, 1.10.2012, siehe: www.handelsblatt.com/finanzen/maerkte/devisen-rohstoffe/neue-weltordnung-china-hat-die-usa-in-der-hand/7202126-2.html.

[35] Sophia Becker: Sicherheits- und Verteidigungspolitik, in: DGAP Analyse, US-Wahl 2020. Neustart für das transatlantische Verhältnis, November 2020, S. 11.

Welt: Europa ist eine Weltmacht. Wir stehen bereit, unsere Interessen mit Nachdruck zu verteidigen. [...] Strategische Autonomie Europas – das sind nicht nur Worte. Die strategische Unabhängigkeit Europas ist unser neues gemeinsames Projekt für dieses Jahrhundert. Es liegt in unserem gemeinsamen Interesse.«[36] Olaf Scholz hatte in seiner Regierungserklärung über die aktuellen weltweiten Kräfteverschiebungen erklärt: »Die Vorstellung einer bipolaren Ära, in der sich alles um die USA und China dreht, geht an der globalen Wirklichkeit vorbei.«[37]

Bis zum Maastrichter Vertrag von 1993 gab es in den EU-Verträgen keine explizite Ausrichtung der EU auf Militär und Rüstung. Erst mit der Implementierung der Gemeinsamen Außen- und Sicherheitspolitik (GASP) im Maastrichter Vertrag, die von der Bundesregierung maßgeblich mit forciert wurde, wurde in die vertraglichen Grundlagen der EU die militärische Komponente aufgenommen und seitdem immer weiter ausgebaut. Mit dem Vertrag von Lissabon (2009) wurde die Konstruktion der Europäischen Union als Militärmacht weiter vorangetrieben. Die Europäische Sicherheits- und Verteidigungspolitik (ESVP) wurde durch die Gemeinsame Sicherheits- und Verteidigungspolitik (GSVP) abgelöst. Für militärische Einsätze und Missionen im Rahmen der GSVP gibt es in den europäischen Verträgen keine geografische Eingrenzung.

Damit werden weltweite militärische Einsätze durch die heutigen EU-Verträge ausdrücklich ermöglicht. Zwar gibt es eigentlich ein Finanzierungsverbot von militärischen Missionen durch den EU-Haushalt (Art. 41 Abs. 2 EUV). Dies wird jedoch durch die Finanzierung von Militärausgaben umgangen, indem Gelder des Forschungs-, Entwicklungshilfe-, Agrar- oder Transportetats für militärische Zwecke eingesetzt werden. So wurden im sogenannten Stabilisierungsinstrument zwischen 2014 und 2020 allein 2,44 Mrd. Euro für militärische Zwecke bewilligt und im Forschungsetat etwa zwei Mrd. Euro, die für die Entwicklung von Drohnen eingesetzt wurden. »Die finanzielle Obergrenze für die Europäische Friedensfazilität beträgt 5,692 Mrd. € [...] für den Zeitraum 2021–2027, wobei die jährliche Obergrenze von 420 Mio. € im Jahr 2021 auf 1,132 Mrd. € im Jahr 2027 steigt.«[38] Die Friedensfazilität ist ein

---

36 Pressemitteilung des Europäischen Rates, Aufbauplan: Stärkung der strategischen Autonomie Europas – Rede von Präsident Charles Michel auf dem Brüsseler Wirtschaftsforum, in: Europäischer Rat, 8.9.2020, siehe: www.consilium.europa.eu/de/press/press-releases/2020/09/08/recovery-plan-powering-europe-s-strategic-autonomy-speech-by-president-charles-michel-at-the-brussels-economic-forum/ (zuletzt: 18.4.2023).

37 Olaf Scholz: Deutsche Waffen haben Erfolge der Ukraine ermöglicht. deutschlandfunk.de 18.9.2022, in: German Foreign Policy, Die strategische Souveränität der EU, 23.2.2023.

38 Ebd.

»Finanzierungsinstrument außerhalb des EU-Haushaltes [und] bündelt die verschiedenen bisherigen Ansätze des europäischen Krisenmanagements«.[39]

Diese zunehmende Militarisierung der EU wurde immer weiter forciert. Durch den Ausbau einer Militärpräsenz der EU in anderen Regionen und der Auflage einer Reihe von geopolitischen Strategien versucht die EU, ihre Einflusszonen zu erweitern. Mit der EU-Afrikastrategie, der Mittelmeerinitiative – Union für den Mittelmeerraum (UfM), der Nachbarschaftspolitik der EU, der Zentralasienstrategie u.a. wurden in den letzten Jahrzehnten die Strategien für den Ausbau des Einflusses der EU auf die verschiedenen Regionen der Welt vorangebracht.

Die EU steckt dabei geopolitisch in einer Zwickmühle. Auf der einen Seite versuchen die USA ihren verloren gegangenen Einfluss in Regionen wie Afrika und Asien wieder auszubauen, auf der anderen Seite haben Russland und China durch eine Reihe von Abkommen und Initiativen ihren Einfluss in diesen Regionen deutlich ausgebaut. Die steigenden »chinesisch-amerikanische Spannungen werden nicht nur spaltende Wirkung auf multilaterale Organisationen wie die Welthandelsorganisation (WTO), sondern auch erhebliche Auswirkungen auf ›Dual Options‹-Länder wie Deutschland haben. Denn diese haben starke nationale Sicherheitsbeziehungen zu den USA, aber pflegen ebenso umfangreiche wirtschaftliche Beziehungen mit den USA und China«.[40] Dabei ist aus Sicht der DGAP »eine stärkere Annäherung an China [...] schon wegen der Werte-Distanz zu China und der sicherheitspolitischen Abhängigkeit Deutschlands und Europas von den USA in keinem Fall eine sinnvolle Option«.[41]

Die EU arbeitet mit afrikanischen Ländern aufgrund unterschiedlichster Abkommen und in verschiedenen Rahmen zusammen. Allerdings haben sich die geostrategischen Einflüsse in Afrika deutlich verändert. Während die Regierungen der Hauptstaaten der EU, z.B. Frankreich und Deutschland, Afrika noch immer aus ihrer postkolonialen Brille sehen und die afrikanischen Staaten als Teil der europäischen Einflusssphäre betrachten, haben sich viele afrikanische Regierungen mittlerweile aus dieser Bevormundung zum Teil befreit. Ein Grund ist, dass »Staaten wie China den Europäern in Afrika längst Konkurrenz [machen] – die Volksrepublik hat in Dschibuti sogar eine erste

---

[39] Bundesministerium für Verteidigung: Die Europäische Friedensfazilität, 18.11.2021, siehe: www.bmvg.de/de/aktuelles/die-europaeische-friedensfazilitaet-5263238.

[40] Dr. Josef Braml: Geoökonomische Rivalität zwischen den USA und China, in: DGAP Analyse, US-Wahl 2020. Neustart für das transatlantische Verhältnis, November 2020, S. 16.

[41] Ebd.

Militärbasis eröffnet.«[42] Zwischenzeitlich ist »China [...] seit Jahren der größte Investor und Handelspartner Afrikas«.[43]

Zwischen der EU und den Staaten Afrikas gibt es zudem zum Teil unüberbrückbare Interessengegensätze. So setzten die Staaten der EU vor allem auf Flüchtlingsabwehr, Abkommen zur Rückübernahme von Geflüchteten und die Schaffung von Flüchtlingszentren in den Staaten Afrikas, während die Länder des Globalen Südens eine an humanitären Grundsätzen ausgerichtete Migrationspolitik fordern. Die Staaten des Globalen Nordens drängen auf eine Öffnung der Märkte für ihre Produkte, während sich die Regierungen der Staaten des Globalen Südens für einen Schutz der eigenen Märkte als Grundvoraussetzung für eine regionale Entwicklung einsetzen.

Auch der Einfluss der EU auf die Staaten Lateinamerikas ist spürbar zurückgegangen. »War etwa Deutschland im Jahr 2002 mit einem Anteil von 9,4% am brasilianischen Import noch drittgrößter Lieferant des Landes, so ist es inzwischen deutlich zurückgefallen und hält zur Zeit einen Anteil von nur noch 5,1%.«[44] Argentinien hat sich zum Ziel gesetzt, Mitglied der BRICS-Staaten zu werden, um so den Einfluss von Internationalem Währungsfonds (IWF), Weltbank, den USA und der EU zu senken. Innerhalb der BRICS-Staaten wird dieses Ansinnen unterstützt, da Argentinien »als weltweit führendes Land in der Lebensmittelproduktion und mit einem Energiepotenzial [...] als Schlüsselfaktor für den Übergang zu sauberen Energiequellen«[45] dienen könne. Auch die politische Aufwertung der Gemeinschaft der Lateinamerikanischen und Karibischen Staaten (CELAC), die eine Gesamtbevölkerung von mehr als 550 Mio. Menschen repräsentieren, ist ein Indikator für eine eigenständigere Entwicklung der Region. In die CELAC wurden bei ihrer Gründung im Jahr 2010 aufgrund der Intervention einer Reihe von Staaten die USA und Kanada bewusst nicht aufgenommen. Gerade die sozialdemokratischen und linken Regierungen der CELAC-Staaten bemühen sich, die Zusammenarbeit zu verstärken und die CELAC als Alternative zur Organisation

---

[42] EURACTIV/AFP, EU-Afrika-Gipfel: Merkel und Macron gemeinsam für Migrationsabkommen mit Afrika, in: EURACTIV, 28.11.2017, siehe: www.euractiv.de/section/eu-aussenpolitik/news/eu-afrika-gipfel-merkel-und-macron-gemeinsam-fuer-migrationsabkommen-mit-afrika/.

[43] Felix Lee: Chinas neuer Kontinent, in: zeit.online, 28.06.2017, siehe: www.zeit.de/wirtschaft/2017-06/china-handel-investition-entwicklungshilfe.

[44] German Foreign Policy: Auf bröckelndem Boden: Die Beziehungen zwischen EU und Lateinamerika, in: amerika21, 22.01.2023, siehe: https://amerika21.de/analyse/262231/beziehungen-europa-lateinamerika.

[45] Marta Andujo: Argentinien geht nächsten Schritt beim Beitritt zur Brics-Gruppe, in: amerika21, 9.9.2022, siehe: https://amerika21.de/2022/09/259967/argentinien-beantragt-beitritt-zu-brics.

Amerikanischer Staaten (OAS) weiterzuentwickeln, da in der OAS die USA und Kanada Mitglied sind und einen erheblichen Einfluss ausüben können.

Rasant zugenommen hat hingegen der Anteil Chinas an den brasilianischen Einfuhren, der zuletzt bei 22,8 % lag, mit steigender Tendenz und klar vor den USA (17,7 %). Als Abnehmer brasilianischer Exporte liegt China mit einem Anteil von 31,3 % um Welten vor der Nummer zwei (USA, 11,2 %).

Ein deutliches Zeichen für einen neuen Politikansatz setzte auch der mexikanische Präsident Andrés Manuel López Obrador. Er »hat per Dekret die Lithium-Vorkommen des Landes zum Eigentum der mexikanischen Nation erklärt [und …] dem Staat die exklusive Vollmacht für ihren Abbau erteilt«.[46] Damit wurde ein Ausverkauf der Lithium-Vorkommen an große Rohstoffkonzerne aus anderen Staaten ein Riegel vorgeschoben. Gerade auch die Bemühungen der Bundesregierung, in Lateinamerika zur Sicherung der deutschen Automobilindustrie exklusive Verträge über den Lithiumabbau zu schließen, wurden damit eingeschränkt.

In den Schlussfolgerungen des EU-Rates zu Sicherheit und Verteidigung von Mai 2021 bringen die EU-Mitgliedstaaten diese veränderten Rahmenbedingungen deutlich zum Ausdruck: »Die EU ist entschlossen, die Strategische Agenda 2019–2024 umzusetzen, indem sie strategischer vorgeht und die Fähigkeit der EU zum autonomen Handeln steigert. Konkret wird die EU ihre Interessen und Werte vertreten, ihre Resilienz und Vorsorge verstärken, um allen Sicherheitsgefahren und -herausforderungen wirksam zu begegnen, sowie Frieden und Sicherheit fördern.«[47] Dabei werden strategisch die Fragen Klimawandel und Militärpolitik bewusst zusammengebracht, um ein weltweites geopolitisches Agieren begründen zu können: »Der Rat weist erneut auf die Auswirkungen hin, die Umweltfragen und Klimawandel auf den Bereich Sicherheit und Verteidigung haben, und fordert die umfassende Umsetzung des gemeinsamen Fahrplans für Klimawandel und Verteidigung im Einklang mit den Schlussfolgerungen des Rates zum Thema Klima- und Energiediplomatie vom 25. Januar 2021.«[48]

Die Staaten der EU, allen voran Deutschland und Frankreich, verstärken das Engagement ihrer Militärs. Offizielle Ziele dieser Militäreinsätze sind, den »Staatszerfall zu verhindern und islamistische Bewegungen einzudäm-

---

[46] René Thannhäuser: Präsident von Mexiko verstaatlicht Lithium-Vorkommen, in: amerika21, 23.2.2023, siehe: https://amerika21.de/2023/02/262833/mexiko-nationalisiert-lithium.

[47] Rat der Europäischen Union: Schlussfolgerungen des Rates zu Sicherheit und Verteidigung, Ratsdok.-Nr. 8396/21, 10.05.2021, Punkt 1, S. 2.

[48] Ebd., Punkt 6, S. 5.

men«[49] sowie gleichzeitig größere Migrationsbewegungen aus Afrika heraus zu verhindern. Die Bundesregierung verfolgt dabei, in enger Zusammenarbeit mit der französischen Regierung, seit mehreren Jahren das Ziel, innerhalb der EU den sicherheitspolitischen Pfeiler weiter auszubauen. Bereits 2013 im Vorfeld der Münchner Sicherheitskonferenz hatte Bundesverteidigungsministerin Ursula von der Leyen angekündigt, »dass sich das neue deutsche Selbstbewusstsein durch mehr militärische Einsätze in Afrika zeigen werde. Seitdem wurden in und bei den Hauptstädten Malis und Nigers mehrere zivil-militärische EU-Stützpunkte aufgebaut, die sichtbar auf Dauer angelegt sind und in denen Deutschland eine zentrale Rolle spielt.«[50] Diese Grundausrichtung wurde durch die Ergebnisse des Deutsch-Französischen Ministerrates vom 13. Juli 2017 weiter forciert, mit denen Deutschland und Frankreich »ihren Führungsanspruch in der EU reklamierten«.[51]

Im imperialen Wettlauf um den besten Zugang zu den für die Industrieproduktion wichtigen Rohstoffen und Absatzmärkten besteht aus Sicht der Staaten der EU die Gefahr, immer weiter ins Hintertreffen zu kommen. Die ökonomisch stärksten Staaten der EU – Deutschland, Niederlande und Frankreich – sehen dabei Afrika aufgrund ihrer kolonialen Vergangenheit noch immer als gegeben an und behandeln es in ihrer Außenpolitik deshalb wie »ihren Hinterhof«. Diese postkoloniale Anbindung Afrikas durch vorhandene Abhängigkeiten gegenüber den Hauptstaaten der EU wird im letzten Jahrzehnt durch eine aktive Afrikapolitik der chinesischen und indischen Regierung teilweise zurückgedrängt. Mit der 2021 eingeleiteten Initiative »Global Gateway« möchte die EU ein infrastrukturelles Gegengewicht zur chinesischen »Seidenstraßen-Initiative« durchsetzen. Bis zum Jahr 2027 will die EU-Kommission 300 Mrd. Euro mobilisieren, »um Infrastrukturprojekte in Schwellen- und Entwicklungsländern aufzubauen«.[52]

Die Aktivitäten der indischen und chinesischen Unternehmen und die Außenwirtschaftspolitik dieser Staaten sind in Afrika deutlich zu sehen. China hat »seit dem Jahr 2011 […] rund 350 Mrd. RMB (53 Mrd. US-Dollar) in den

---

[49] Ulrike Scheffer: Gipfel mit der EU in Abidjan sucht auch neue Migrationswege: Diesseits von Afrika, in: Tagesspiegel, 28.11.2017, siehe: www.tagesspiegel.de/politik/diesseits-von-afrika-3902371.html.

[50] Christoph Marischka: Das Kerneuropa konstituiert sich im Sahel, IMI-Standpunkt 2017/039, in: Informationsstelle Militarisierung, 13.12.2017, siehe: www.imi-online.de/2017/12/13/das-kerneuropa-konstituiert-sich-im-sahel/.

[51] Ebd.

[52] Andrea Sellmann/Mary Abelaziz-Ditzow: Wie »Global Gateway« China Konkurrenz macht, in: ntv, 9.2.2023, siehe: www.n-tv.de/wirtschaft/Wie-Global-Gateway-China-Konkurrenz-macht-article23902785.html.

afrikanischen Bergbau investiert«.[53] Auch die indische Tata-Gruppe hat seit 2013 Investitionen in Höhe von »rund 1,7 Mrd. US-Dollar in neue Produktionsstätten auf dem afrikanischen Kontinent«[54] getätigt, und investierte in das größte indische Bergbauunternehmen »Vedanta Resources« von 2005 bis 2014 »4 Mrd. US-Dollar in Afrikas Bergbauindustrie«.[55]

Die EU reagiert mit einer Freihandelsoffensive und versucht, durch Erpressungspolitik ihre Interessen durchzusetzen. So wird den Ländern Afrikas in regelmäßigen Abständen zu verstehen gegeben, dass sie aus vielen Staaten der EU vermeintlich hohe Entwicklungshilfegelder bekämen und hierfür Wohlverhalten gegenüber den Interessen dieser Staaten erwartet wird. Die EU-Kommission sieht in den afrikanischen Staaten wichtige Absatzmärkte für die Zukunft, da Afrika einer der am schnellsten wachsenden Bevölkerungen ausweist. Es wird davon ausgegangen, dass in etwa 80 Jahren in Afrika »viermal so viele Menschen leben [werden] wie heute«.[56]

Auch in dem Versuch, ihren strategischen Einfluss im Indopazifik zu vergrößern, ist die EU durch den Abschluss des Militärabkommens zwischen Australien, Großbritannien und den USA (AUKUS) im September 2021 ins Hintertreffen geraten. Es war maßgeblich Frankreich, »das sich auch mit tatkräftiger deutscher Unterstützung für die Erstellung einer EU-Indo-Pazifik-Strategie einsetzte, für die mit Schlussfolgerungen des Rates bereits im April 2021 ein erster Aufschlag gemacht wurde«.[57] Mit dem AUKUS-Pakt wurde diese Strategie erst einmal Makulatur.

Mit dem »Strategischen Kompass«[58] vom März 2022 hat die EU ihre militärische Interventionsfähigkeit weiter forciert. Der Europäische Rat behauptet, dass der »Strategische Kompass« in einem »feindlichere[n] Sicherheitsumfeld [...] einen Quantensprung nach vorn«[59] erfordere. In dem Strategiepapier »sind die strategischen Ziele der EU beschrieben, um die »Union bis

---

[53] EnergieAgentur.NRW, Rohstoffe Subsahara – 31 Länder, Stand 2016/2017, Juni 2017, S. 20.

[54] Ebd., S. 22.

[55] Ebd., S. 23.

[56] Doris Pundy: EU-Afrika-Gipfel, Perspektive gesucht: Schule statt Flucht, in: Deutsche Welle, 28.11.2017, siehe: www.dw.com/de/eu-afrika-gipfel-schule-statt-flucht/a-41409972.

[57] Jürgen Wagner: Die Geopolitik des AUKUS-Paketes, IMI-Analyse Nr. 42/2021, 24.09.2021, S. 3, in: Informationsstelle Militarisierung, siehe: www.imi-online.de/download/IMI-Analyse2021-42-AUKUS.pdf.

[58] Rat der Europäischen Union: Ein Strategischer Kompass für Sicherheit und Verteidigung – Für eine Europäische Union, die ihre Bürgerinnen und Bürger, Werte und Interessen schützt und zu Weltfrieden und internationaler Sicherheit beiträgt, Dok.-Nr. 7371/22, 21.3.2022.

[59] Europäischer Rat: Ein Strategischer Kompass für mehr Sicherheit und Verteidigung der EU im nächsten Jahrzehnt, 21.3.2022, siehe: www.consilium.europa.eu/de/press/press-

zum Jahr 2030 zu einem Anbieter von Sicherheit machen und ihre strategische Souveränität«[60] zu stärken. Hierbei soll durch mehr Kooperation und die Weiterentwicklung der EU-Battlegroups die gemeinsame schnelle Eingreiffähigkeit gesteigert werden. Ein wichtiges Instrument hierfür ist die Ständige Strukturierte Zusammenarbeit (Permanent Structured Cooperation, PESCO). Diese EU-Verteidigungsinitiative »wurde im Jahr 2017 begründet und umfasst inzwischen 46 Projekte«.[61]

Durch PESCO wurde in den letzten Jahren zugleich der Ausbau eines EU-weiten Monopolkapitals aktiv forciert und der Zusammenschluss der verschiedenen europäischen Rüstungshersteller zu einem europäischen militärisch-industriellen Komplex aktiv befördert. Der Zusammenschluss zur EADS, heute Airbus, war die Blaupause für diese Entwicklung. Aktuell versucht die EU-Kommission, den Zusammenschluss der europäischen Panzerhersteller voranzutreiben und ähnlich dem Airbus-Konzern zu organisieren. Ziel ist, die europäische Rüstungsindustrie auf dem Weltmarkt konkurrenzfähiger zu machen und die Versorgung der europäischen Armeen mit eigenen Rüstungsgütern zu sichern. Damit soll eine steigende Abhängigkeit der europäischen Militärs von US-amerikanischen Rüstungsfirmen vermieden werden.

Die aktuelle Krise der EU ist vor allem auch Ergebnis eines »Durchmarschs des Neoliberalismus«,[62] der sich »in den Verträgen der EU widerspiegelt«.[63] Die Ausrichtung der Wirtschafts- und Finanzpolitik auf die Interessen der hegemonialen Hauptländer der EU, allen voran Deutschlands, hat zu einer Verschärfung der ökonomischen und finanziellen Situation in den anderen EU-Ländern aktiv beigetragen. Gleichzeitig wurden Wirtschafts- und Finanz- sowie Sozial-, Arbeitsmarkt- und Strukturpolitik auf die Durchsetzung der Interessen der exportorientierten, transnationalen Konzerne orientiert. Im Rahmen der innerimperialen Widersprüche versuchen die dominierenden Mitgliedstaaten, die EU als wichtige globale Hegemonialmacht auszubauen, die Interessen auch gegen die USA oder China international durchsetzen kann. Ziel ist, den Umbau der EU so zu gestalten, dass die innovationsstarken, exportorientierten Kerne der nationalen Einzelkapitale gestärkt werden. Für diese Entwicklung wird in Kauf genommen, dass die binnenmarktorientierten Einzelkapitale zum Teil zu massivem Abbau von Arbeitsplätzen

releases/2022/03/21/a-strategic-compass-for-a-stronger-eu-security-and-defence-in-the-next-decade/.

60 Markus Kaim/Ronja Kempin: Kompass oder Windspiel?, in SWP-Aktuell, Nr. 1 Januar 2022, S. 1.

61 Bundesministerium der Verteidigung: PESCO, ohne Datum, siehe: www.bmvg.de/de/themen/sicherheitspolitik/gsvp-sicherheits-verteidigungspolitik-eu/pesco.

62 Arbeitsgruppe Alternative Wirtschaftsentwicklung: Memorandum 2016.

63 Ebd.

gezwungen werden. Strategisch wird diese Politik durch den Abschluss von Freihandelsabkommen, wie zum Beispiel das Freihandelsabkommen EU-USA (TTIP) oder das Freihandelsabkommen EU-Kanada (CETA), durch eine zunehmende Militarisierung der EU als Grundlage für eine interessengeleitete europäische Außen- und Sicherheitspolitik, durch die Forcierung der EU-Nachbarschaftspolitik (Mittelmeer, Nordafrika, Zentralasien) oder durch eine geostrategisch ausgerichtete Energiepolitik der EU vorangetrieben.

Seit vielen Jahren hat sich die ökonomische und politische Macht der EU im Rahmen der innerimperialen Machtauseinandersetzungen im direkten Vergleich mit den USA durchaus erhöht. Die Regierung Biden versucht, mit dem »Inflation Reduction Act« in einen direkten Wettbewerb mit der EU, Industrieunternehmen durch hohe Subventionen in die USA zu locken. Mit einem Subventionswettlauf sollen hier verloren gegangene Industriebranchen und zukunftsfähige Technologieunternehmen für Investitionen in den USA gewonnen werden. Das Programm hat ein Volumen von 370 Mrd. US-Dollar und soll »unter anderem Subventionen für Elektroautos, Batterien und Projekte zu erneuerbaren Energien made in USA«[64] fördern.

Die EU kontert mit einem eigenen milliardenschweren Subventionsprogramm. Mit dem Europäischen Green Deal »soll die EU-Industrie fit gemacht werden für den drohenden Wettbewerb mit dem Inflation Reduction Act von US-Präsident Joe Biden«.[65]

Appenzeller weist richtigerweise darauf hin, dass »in mehr als 60 Jahren der immer intensiver werdenden Zusammenarbeit«[66] die Staaten Europas »wieder zu einem Machtfaktor geworden« sind. Die EU sei »neben wachsenden und gewachsenen großen Nationen wie den USA, China, Indien und Russland […] Mitspieler im globalen Konzert geworden«.[67] In dieser Phase sehen die Militärpolitiker*innen und Rüstungslobbyist*innen die Chance, mit einer Vertiefung und Erweiterung der bisherigen militärischen Zusammenarbeit eine neue Möglichkeit für weitere Aufrüstungsschritte zu erhalten. Eine neu geschaffene Verteidigungsunion soll die engere Verzahnung der nationalen Truppen ermöglichen, die seit 2007 existierenden »Battlegroups« zu

---

[64] BR24 Redaktion: Sorge vor Handelskrieg zwischen EU und USA wächst, in: BR24, 4.12.2022, siehe: www.br.de/nachrichten/deutschland-welt/sorge-vor-handelskrieg-zwischen-eu-und-usa-waechst,TP1rrwc.

[65] Redaktion Sozialismus.de: Ein EU-Green-Deal-Industrieplan, auf: Sozialismus.de-Aktuell vom 2.2.2023.

[66] Gerd Appenzeller: Europa braucht eine Atempause, Der Tagesspiegel, 4.10.2016, S. 8.

[67] Ebd.

stehenden Einheiten umwandeln und einen militärischen Start-up-Fonds für die unbürokratische Finanzierung von Truppeneinsätzen einrichten.[68]

Entscheidender Hebel für die Verteidigungsunion ist die PESCO, die in Art. 42 EUV verankert ist und den EU-Mitgliedstaaten erlaubt, in Militärfragen miteinander zu kooperieren, ohne auf einen einstimmigen Beschluss des Rates angewiesen zu sein.

In den nächsten Jahren soll »eine »Koalition der Willigen« dafür eintreten, dass »künftig schneller EU-Truppen entsendet und gemeinsame Rüstungsprojekte vor[angetrieben]«[69] werden können. Die EU sei heute umgeben von einem »Bogen der Instabilität [...] unter anderem von Terrorismus, massiven Flüchtlingsströmen, oder Desinformationskampagnen«.[70] Ziel ist, ein EU-Hauptquartier für zivile und militärische Operationen zu schaffen und die bisherige Einstimmigkeit im Rat durch die »bisher nicht genutzte Möglichkeit einer ständigen strukturierten Zusammenarbeit einzelner EU-Staaten in der Verteidigungspolitik«[71] einzusetzen.

Geopolitische Ausrichtung der Außen- und Sicherheitspolitik in Deutschland

Es sind vor allem auch die geopolitischen Interessen Deutschlands, die die Entwicklung der EU-Außen- und Sicherheitspolitik bestimmen. Die Strategie der bisherigen Bundesregierungen, Deutschland als zentrales hegemoniales Hauptland innerhalb der EU zu verankern, ist weitgehend gelungen. Die Politik Deutschlands ist darauf ausgerichtet, die EU so weiterzuentwickeln, damit vor allem die exportorientierten Interessen der internationalen Konzerne durchgesetzt werden können und die EU als imperiales Projekt im Rahmen der innerimperialen Widersprüche als eigenständig agierende Region, neben den USA und China, bestehen kann.

Die Bundesregierung analysiert dabei zu Recht, dass Deutschland allein seine Interessen weltweit nicht zur Geltung bringen kann und es hierfür auf eine enge Abstimmung innerhalb der EU und der NATO angewiesen ist. Dabei muss die Bundesregierung aufgrund unterschiedlicher Interessenla-

[68] Daniel Mützel: EU-Verteidigungspolitik: Die Rückkehr der »harten Macht«, in: EurActiv.de, 24.11.2016, siehe: www.euractiv.de/section/eu-aussenpolitik/news/eu-verteidigungspolitik-die-rueckkehr-der-harten-macht/?nl_ref=25483025.

[69] Daniel Mützel: EU-Verteidigungspolitik: Die Rückkehr der »harten Macht«, in: EurActiv.de, 24.11.2016, siehe: www.euractiv.de/section/eu-aussenpolitik/news/eu-verteidigungspolitik-die-rueckkehr-der-harten-macht/?nl_ref=25483025.

[70] Ebd.

[71] Ebd.

gen auch Kompromisse eingehen, um die deutschen Interessen durchsetzen zu können.

Durch seine dominante ökonomische Kraft bestimmt Deutschland auch die Strategie der EU-Politiken und diktiert häufig den anderen EU-Mitgliedstaaten seine Interessen. Simms kritisiert etwa, dass sich »die Gestaltung der Europäischen Union [...] am deutschen Problem und der europäischen Frage – oder wenn man so will, der deutschen Frage und dem europäischen Problem«[72] orientiere. In wichtigen Kernbereichen der europäischen Industrie dominieren deutsche Kapitalinteressen die außenpolitische Strategie. Hierbei setzen sich nach dem Austritt Großbritanniens aus der EU auch die Interessen deutscher Großbanken und der deutschen Finanzindustrie immer mehr durch und bestimmen die internationale Ausrichtung. Dabei wird bewusst in Kauf genommen, dass die Zerstörung industrieller Kerne in den peripheren Ländern der EU beschleunigt und die soziale Absicherung immer größerer Teile der Arbeitnehmer*innen in der EU eingeschränkt wird. Das Ergebnis ist eine deutliche Zunahme der Armut und eine Perspektivlosigkeit in vielen EU-Staaten. Darüber hinaus werden durch diese Prozesse nationalistische und reaktionäre Tendenzen in der EU gestärkt und damit die Grundlage für eine aggressivere Außen- und Sicherheitspolitik im Interesse der Hauptländer der EU beschleunigt. Gleichzeitig stellt sich für die herrschenden Eliten die Frage, wie sie ihre bisherige EU-Politik fortsetzen können, wenn sich immer größere Teile der europäischen Gesellschaft von diesem neoliberalen Modell der europäischen Integration abwenden.

Die Außen- und Sicherheitspolitik Deutschlands wurde den geopolitischen Interessen der transnationalen Konzerne immer weiter untergeordnet. Bereits in den Verteidigungspolitischen Richtlinien aus dem Jahr 2011[73] wird im Titel zum Ausdruck gebracht, dass das Ziel der Bundesregierung sei, nationale Interessen zu wahren und Internationale Verantwortung zu übernehmen. Deshalb wird als Bedrohungsanalyse festgehalten, dass »freie Handelswege und eine gesicherte Rohstoffversorgung [...] für die Zukunft Deutschlands und Europas von vitaler Bedeutung«[74] seien. So würden »die Erschließung, Sicherung von und der Zugang zu Bodenschätzen, Vertriebswegen und Märkten [...] weltweit neu geordnet«[75] und die »Verknappun-

---

[72] Brendan Simms: Weg mit Schaden oder doch nicht?, Cicero, 28.7.2016.

[73] Bundesministerium der Verteidigung: Verteidigungspolitische Richtlinien. Nationale Interessen wahren – Internationale Verantwortung übernehmen – Sicherheit gemeinsam gestalten, 27.5.2011.

[74] Ebd., S. 9.

[75] Ebd.

gen von Energieträgern und anderer für Hochtechnologie benötigter Rohstoffe [blieben] nicht ohne Auswirkungen auf die Staatenwelt«.[76]

Weiter wird in den Verteidigungspolitischen Richtlinien festgestellt, dass Streitkräfte ein »unentbehrliches Instrument der Außen- und Sicherheitspolitik«[77] seien, und »nur mit Streitkräften die Androhung und Durchsetzung militärischer Gewalt im Rahmen des geltenden Völkerrechts erfolgen«[78] könne. Deshalb seien Streitkräfte die »Grundlage des Selbstbehauptungswillens und der Verteidigungsbereitschaft der Nation«.[79]

Die Bundesregierung aus CDU/CSU und SPD hat in Deutschland die bisher größte Rüstungsspirale seit 1945 in Gang gesetzt, die von der aktuellen Regierung aus SPD, Bündnis 90/Die Grünen und FDP deutlich beschleunigt wird. Wenn die von der Bundesregierung seit Längerem vorgetragenen Rüstungsziele umgesetzt werden, wird sich der »Verteidigungshaushalt drastisch [...] erhöhen [und langfristig] das Bundeswehrbudget um 60% steigen«.[80] Für die Friedensbewegung stellt sich deshalb auch die Aufgabe, nicht nur den unverantwortlichen Aufrüstungskurs der USA, sondern auch der Bundesregierung zu kritisieren und sich für eine sofortige Beendigung dieser fatalen Militarisierung der bundesdeutschen Gesellschaft einzusetzen.

Im Jahr 2017 lag der Rüstungsanteil Deutschlands am BIP bei 1,24%.[81] Ein Anstieg der Rüstungsausgaben auf das Zwei-Prozent-Ziel der NATO würde bedeuten, dass sich die deutschen Rüstungsausgaben von derzeit »42,9 Milliarden Euro [...] wegen der erwarteten Entwicklung des BIP auf fast 80 Milliarden Euro«[82] nahezu verdoppeln müssten. Um innen- und außenpolitischen Druck auf die Bundesregierung auszuüben, hatte NATO-Generalsekretär Jens Stoltenberg im Vorfeld des NATO-Gipfels in Brüssel 2018 gefordert, dass Deutschland mehr Geld für Rüstung ausgibt und künftig »noch mehr tut«.[83]

---

[76] Ebd.

[77] Bundesministerium der Verteidigung: Verteidigungspolitische Richtlinien, a.a.O., S. 20.

[78] Ebd.

[79] Ebd.

[80] ZEIT ONLINE/Reuters/mbn: Bundeswehr soll mindestens 20 Milliarden Euro mehr bekommen, in: ZEIT ONLINE, 15.10.2016, siehe: www.zeit.de/politik/deutschland/2016-10/angela-merkel-verteidigung-ausgaben-bundeswehr.

[81] ZEIT ONLINE/dpa/AFP/fin: Nato-Länder erhöhen Verteidigungsausgaben nur langsam, in: ZEIT ONLINE, 15.3.2018, siehe: www.zeit.de/politik/deutschland/2018-03/verteidigung-nato-staaten-deutschland-wirtschaft-ausgaben-ziel.

[82] dpa/AFP/ces, Jens Stoltenberg fordert höhere Militärausgaben von Deutschland, in: ZEIT ONLINE, 8.7.2018, siehe: www.zeit.de/politik/ausland/2018-07/zwei-prozent-ziel-jens-stoltenberg-nato-mahnung-deutschland.

[83] Ebd.

Diese Forderungen wurden erhoben, obwohl die Ausgaben für den Verteidigungshaushalt in Deutschland seit 2000 bereits exorbitant gestiegen sind. Während im Jahr 2000 der Verteidigungshaushalt bei 24,3 Mrd. Euro lag (2006: 27,87 Mrd. Euro; 2010: 31,11 Mrd. Euro; 2013: 33,26 Mrd. Euro), betrug er im Jahr 2016 bereits 35,1 Mrd. Euro. Seitdem stieg der Etat immer weiter dramatisch an: »2017 erhöhte er sich bereits auf rund 37 Milliarden Euro. Im Jahr 2018 liegt er nunmehr bei rund 38,5 Milliarden Euro.«[84] Damit ist zwischen 2000 und 2018 »das Budget der Truppe […] selbst inflationsbereinigt um knapp 30%«[85] angestiegen. Diese Tendenz der ständig steigenden Rüstungsausgaben wurde auch mit dem aktuellen Haushalt fortgesetzt. Für das Jahr 2023 wurde ein Verteidigungshaushalt in Höhe von 50,1 Mrd. Euro und weitere 8,4 Mrd. Euro aus dem sogenannten Sondervermögen von 100 Mrd. Euro beschlossen. Damit hat Deutschland die 60-Milliarden-Grenze nach NATO-Kriterien im Jahr 2023 erstmals überschritten.

Die Bundesregierung will dabei ausdrücklich nicht auf das strategische Element der sog. nuklearen Teilhabe verzichten. In Europa sind aktuell fünf NATO-Staaten »Deutschland, Italien, Belgien, die Niederlande und die Türkei in die nukleare Teilhabe eingebunden, wobei Schätzungen zufolge – die Daten unterliegen der Geheimhaltung – insgesamt zwischen 150 und 200 taktische US-Atomwaffen in diesen Ländern lagern«.[86]

Verknüpfung von Friedensthemen, ökologischen und sozialen Forderungen ist notwendig

In den nächsten Jahren wird es für die Friedensbewegung vor allem darum gehen, sich gegen die geopolitischen Interessen der imperialen Staaten zu positionieren und mit einer klaren Analyse und Forderungen nach Abrüstung und Entspannungspolitik in die jeweiligen Gesellschaften einzuwirken. Durch die zunehmende Konfrontation zwischen den USA, der EU, Russland und China steigt die Gefahr von Stellvertreterkriegen ständig an. Die ato-

---

84 O. A.: Entwicklung und Struktur des Verteidigungshaushalts, in: Bundesministerium der Verteidigung, ohne Datum, siehe: www.bmvg.de/de/themen/verteidigungshaushalt/entwicklung-und-struktur-des-verteidigungshaushalts.

85 IMI/DFG-VK, Fact-Sheet: Rüstung, Dezember 2018, S. 1, in: Informationsstelle Militarisierung, siehe: www.imi-online.de/download/Ruestung2018-Endversion3.pdf.

86 Jürgen Wagner: Atomare US-Alleingänge und die Debatte um die Nukleare Teilhabe, IMI-Analyse 2020/22, in: Informationsstelle Militarisierung, 7.5.2020, siehe: www.imi-online.de/2020/05/07/atomare-us-alleingaenge-und-die-debatte-um-die-nukleare-teilhabe/ (zuletzt: 18.4.2023).

maren Potenziale gefährden die Zukunft der Menschheit und binden riesige finanzielle Ressourcen.

Die Friedensbewegung kann sich nur durch eine Distanz zu den imperialen Staaten behaupten. Eine solche Distanz bedeutet nicht, Aggressoren zu verschweigen. Eine politische Einseitigkeit wird die Friedensbewegung nicht voranbringen. Alle Analysen zur aktuellen Rüstungspolitik zeigen, dass die NATO-Staaten weiterhin im Bereich der Rüstungsproduktion, der Rüstungsexporte und der Aufrüstung die Welt dominieren. Länder, die von den NATO-Staaten als Gegner gesehen werden, reagieren aber zunehmend ebenfalls mit massiven Aufrüstungsprogrammen und eigenen geopolitischen Anstrengungen. In einer solchen Konstellation werden die Interessen der Staaten des Globalen Südens unter die Räder kommen. Hunderte Millionen Menschen in diesen Staaten werden immer weiter ausgegrenzt. Aber auch in den Staaten der imperialen Hauptmächte wird durch die riesigen Rüstungsausgaben die Möglichkeit für eine soziale und ökologische Transformation der Gesellschaft verhindert.

Deshalb ist es für die Friedensbewegung von zentraler Bedeutung, gemeinsam mit Gewerkschaften, der Klimagerechtigkeitsbewegung und Sozialverbänden für eine grundlegende Veränderung der aktuellen Politik zu streiten. Nur eine Verknüpfung von Friedensthemen, ökologischen und sozialen Forderungen wird die Friedensbewegung in den nächsten Jahren aus ihrer aktuellen Krise herausholen können. Hierfür lohnt es sich zu streiten.

Aufrüstung und Kriege der Zukunft

Michael Müller

Klimakriege – Kriege der Zukunft

I.

Der Charakter und die Ursachen von Kriegen haben sich in der Geschichte immer wieder verändert. Während es in den letzten Jahrzehnten vornehmlich »Aufstandskriege« gab, ist der Ukraine-Krieg wieder eine Auseinandersetzung zwischen den Armeen zweier Staaten um ihre Einflusszonen, allerdings unter dem Atomschirm Russlands und bei massiven Zulieferungen schwerer Waffensysteme.

Künftig sind auf der »überbevölkerten, störanfälligen und verschmutzten Erde« (Brundtland-Bericht)[1] erbitterte Verteilungskämpfe und vor allem »Klimakriege« zu erwarten, denn die Folgen der negativen Synergien, die sich aus der Erderwärmung, Ressourcenverknappung, Hyperindustrialisierung, Überbevölkerung und sozialen Ungleichheit in den Lebenschancen des neoliberalen Kapitalismus ergeben, werden, wenn es nicht schnell zu radikalen Strukturreformen kommt, unser Leben prägen.[2] Gro Harlem Brundtland bewertete die verheerenden Konsequenzen der vom Menschen verursachten Klimakrise bereits im Juni 1988 auf einer Konferenz der kanadischen Regierung in Toronto drastisch so, dass sie »nach einem globalen Atomkrieg an zweiter Stelle« stehen würden.[3]

In demselben Monat warnte der Direktor des renommierten NASA-Instituts für Weltraumforschung, James Hansen, vor dem amerikanischen Senatsausschuss für Energie, dass es zu 99% sicher sei, dass der »globale Erwärmungstrend keine natürliche Variation ist, sondern durch die Ansammlung von Kohlendioxid und anderen künstlichen Gasen in der Atmosphäre vom Menschen verursacht wird«.[4] Warnungen gab es schon damals genug, aber sie blieben ungehört. Heute wird noch viel mehr über die Klimakrise geredet, offiziell gibt es kaum eine Rede ohne die Zusicherung, alles sei »klimaneutral«, verbunden mit der Versicherung, es gibt keine Einschränkungen.

---

[1] Hauff, Volker (1987): Unsere Gemeinsame Zukunft, Greven.

[2] Davies, Mike (2009): Wer wird die Arche bauen? In: Blätter für deutsche und internationale Politik 2/2009.

[3] Kanadische Regierung (1988): Weltklimakonferenz über die sich verändernde Atmosphäre vom 27.–30. Juni, Toronto.

[4] Hansen, James D. (1988): Stellungnahme vor dem US-Senatsausschuss für Energie, Washington.

Nichts soll sich ändern. Hier ein paar Verbote, dort mehr Windräder. Doch das kann wirklich nicht sein. Niemand kann sagen, was klimaneutral eigentlich ist.

Tatsächlich müssen die Treibhausgase in der Atmosphäre auf den Stand von 1800 reduziert werden. Wie aber, wenn es zwar zum Beispiel E-Autos gibt, die aber überwiegend hochmotorisierte SUVs sind? Oder die Wohnungen immer größer werden? Oder wir schon heute die Biosphäre von fast zwei Erden verbrauchen und die planetarischen Grenzen überschreiten? Das Thema ist zu ernst, um die Klimakrise der Werbeindustrie zu überlassen.

II.

Fest steht: Kriege fallen nicht vom Himmel, sie haben eine Vorgeschichte. Karl Polanyi (1886–1964) untersuchte in seinem epochalen Werk »The Great Transformation«, wie es zu den großen Katastrophen des letzten Jahrhunderts kommen konnte.[5] Polanyi wollte insbesondere verstehen, warum die deutsche Zivilisation nach dem Schrecken des Ersten Weltkrieges und dem Drama der Weltwirtschaftskrise schließlich im Faschismus und Zweiten Weltkrieg so unmenschlich und brutal gescheitert ist.

Er sah die entscheidende Ursache in der »Verallgemeinerung und Radikalisierung des Marktprinzips«. Die liberale Wirtschaftstheorie glaubt in ihrer ideologischen Verblendung, dass Arbeit, Natur und Geld zu nichts als Waren werden sollten, ohne Rückbindung an die Lebenswelt und die Öko-Systeme. Polanyis Urteil war dagegen: »Freie Marktkräfte erniedrigen menschliche Tätigkeiten, erschöpfen die Natur und machen die Währungen krisenanfällig.« Die grundlegende Erkenntnis des Wiener Wirtschaftsanthropologen gilt noch heute.

Polanyi vertrat »die These, dass die Idee eines selbstregulierenden Marktes eine krasse Utopie bedeutet. Eine solche Institution«, so seine Überzeugung, könne über längere Zeiträume nicht bestehen, ohne die menschliche und natürliche Substanz zu vernichten. Je mehr Arbeit, Natur und Wirtschaft, die keine Waren sind, zu Waren gemacht werden, desto größer werde die transformatorische Krise. Polanyi fand für die Vorherrschaft des Marktes den Begriff der »Entbettung« – der »Entbettung« des Marktes aus der Gesellschaft.[6]

Polanyi sah in der Analyse der Great Transformation nicht nur eine tiefe Krise, sondern in der Folge auch eine Doppelbewegung, die als Reaktion auf

---

5 Polanyi, Karl (1943): The Great Transformation, New York.

6 Sachs, Wolfgang (2013): Missdeutete Vordenker. In. Politische Ökologie: Baustelle Zukunft, München.

die Machtdominanz der Marktkräfte verstanden werden muss, also die Antwort von Politik und Gesellschaft auf die Krise. Die Alternativen heißen: Einerseits kann die ökonomische Transformation Reformkräfte mobilisieren, wie besonders 1933 in den USA der New Deal zum Wohlfahrtsstaat, aber andererseits auch einen Nationalismus, der mit dem Faschismus mörderische Spuren hinterlassen hat.

Man muss Polanyis Theoriegebilde der Transformation nicht in allen Verzweigungen folgen, doch hat er mit seiner Einsicht in die Gesetze der Marktgesellschaft wesentliche Grundlagen für ein Verständnis der Krisen und ihrer Folgen in der Gesellschaft gelegt. Sobald Arbeit und Natur aus den gesellschaftlichen Bindungen herausgelöst werden, werden sie zur Ware. Diese »Entbettung« ist der Beginn der verhängnisvollen Entwicklung der Naturzerstörung.

Das ist heute auch die Konsequenz des Neoliberalismus, wenn er sich voll entfalten könnte. Er basiert nicht auf einer realitätsnahen Theorie, sondern ideologischen Annahmen. In der Arbeitswelt gibt es durch die Gegenkräfte der Arbeiterbewegung und erkämpfte gesetzliche Regulierungen »Schutzschichten«, zum Schutz der Natur ist das weitaus weniger der Fall. Zudem kommt es bei der Natur vor allem auf eine Reduktion menschlicher Ansprüche an, die die Natur belasten. Das ist nur mit mehr Gleichheit zu erreichen. Umso wichtiger ist es, vor dem Hintergrund der historischen Erfahrungen des letzten Jahrhunderts die Spur aufzunehmen, die Karl Polanyi gelegt hat. Der springende Punkt ist dabei auch heute der selbstregulierte Markt, der sich der sozialen und ökologischen Kontrolle entzieht.

III.

Sehen wir uns die Entwicklung der Klimakrise, die sich vor uns aufbaut, genauer an: Der Mensch hat das Erdsystem bereits so stark verändert, dass wir nicht länger im Holozän, der gemäßigten Warmzeit der letzten 12.000 Jahre, in der sich die menschliche Zivilisation entwickeln konnte, sondern nunmehr im Anthropozän leben, der neuen Erdepoche, in der die Menschheit der maßgebliche geologische Faktor geworden ist. Er ist zur stärksten Naturgewalt aufgestiegen. Das hat zur Konsequenz zwei denkbare Varianten:

Die eine Konsequenz ist die Selbstvernichtung der Menschheit, weil sie durch das immer schneller, immer weiter und immer höher die natürlichen Lebensgrundlagen zerstört. Denn mit der »Lüge von der unbegrenzten Verfügbarkeit der Güter unseres Planeten«, die Papst Franziskus in der Öko-Enzyklika Laudato Si' beklagt, gerät die Menschheit an die ökologischen Grenzen des Wachstums. Infolge der »rücksichtlosen Ausbeutung der Natur läuft sie Gefahr, die Natur zu zerstören und selbst zum Opfer dieser Zerstörung zu werden«.[7]

Die andere Konsequenz setzt ein radikales Umdenken voraus, um sich von den technisch-ökonomischen Verwertungszwängen zu befreien. Das Anthropozän, dass die Frage nach der künftigen Rolle des Menschen zuspitzt, erfordert eine neue Emanzipation des Menschen für eine sozial-ökologische Gestaltung der Transformation.

Vor der vom Menschen verursachten Klimakatastrophe warnte die Wissenschaft bereits Ende der 1970er-Jahre. Die »Studiengruppe Kohlendioxid und Klima« des Nationalen Forschungsrates der USA prognostizierte, dass eine Verdoppelung des Kohlenstoffgehalts in der Troposphäre gegenüber der vorindustriellen Zeit zu einer Erderwärmung um drei Grad Celsius führen würde. Das ist unverändert richtig, wenn auch die Berechnung viel komplexer und detaillierter geworden ist. Seitdem sind 43 Jahre vergangen. Für den Klimaschutz 43 verlorene Jahre.

Die erste Weltklimakonferenz der UNO fand ebenfalls im Jahr 1979 in Genf statt. Sie gab den Anstoß zur Gründung des Weltklimarates (IPCC), der 1988 eingesetzt wurde und seitdem die Sachstandsberichte über den Zustand des Klimas organisiert. Deutschland war bei dieser Konferenz nur durch Wissenschaftler*innen vertreten, das zuständige Ministerium war nicht dabei. Das Bundesforschungsministerium machte ein Jahr zuvor, im Jahr der Bundestagswahl 1987, Druck auf zwei engagierte Wissenschaftler, die eine »Warnung vor dem vom Menschen gemachten Klimawandel« veröffentlichen wollten. Um sie zu verhindern.

Im Mai 1992 beschlossen die Vereinten Nationen die UN-Klimarahmenkonvention, die Ende Juni des Jahres auf dem Erdgipfel Umwelt und Entwicklung in Rio de Janeiro unterzeichnet wurde. Ziel der Konvention ist es, den Klimawandel zu stoppen, die vom Menschen verursachten Treibhausgase zu reduzieren und die Folgen der Erderwärmung zu mildern (Artikel 2). Doch die jährlichen UN-Klimakonferenzen (COP) blieben weitgehend folgenlos. Seit Rio hat sich die CO_2-Konzentration nahezu verdoppelt.

Auf der letzten Klimakonferenz (COP 26), die im Dezember 2021 in Glasgow stattfand, gab es einen großen Anzeigewürfel mit der Zahl 416. Sie zeigte die aktuelle CO_2-Konzentration an, die derzeit um 2,28 ppm (Teile auf eine Million Luftteile) jährlich ansteigt. Spätestens Anfang 2024 werden danach mehr als 420 ppm erreicht worden sein, was der Treibhausgaskonzentration für eine globale Erwärmung um 1,5 Grad Celsius entspricht, auch wenn es durch den komplexen Anpassungsmechanismus des Klimasystems noch eine Zeit dauern wird, bis die 1,5-Grad-Erwärmung real messbar wird.

---

[7] Verlautbarungen des Heiligen Stuhls (2015): Enzyklika Laudato Si', Bonn.

Das Überschreiten der ersten kritischen Schwelle ist also nicht mehr zu verhindern. Pazifischen Inselstaaten droht der Untergang. Die Überflutung großer Küstenregionen in Asien, der Zusammenbruch landwirtschaftlicher Systeme vor allem in Afrika, die Vernichtung wertvoller Öko-Systeme sind kaum noch zu stoppen.

Derzeit leben wir in einem Zustand der »Grenzüberschreitungen«,[8] in denen neue Tatsachen geschaffen werden. Das Erdsystem steuert immer schneller auf »Kipppunkte« zu, bei deren Erreichen es zu einem Umkippen ganzer Systeme kommen kann. Die verheerende Flutkatastrophe am 14. Juli 2022 in der Eifel war dafür ein eindringliches Warnsignal. Ihre Ursachen waren auch auf ein Abschwächen des thermohalinen Windbands über dem Nordatlantik zurückzuführen, einem der befürchteten Kipppunkte.

Satellitendaten belegen, dass der brasilianische Amazonaswald umzukippen droht, weil große Teile der Baumbestände durch die Hitzeperioden austrocknen. Die Permafrostregionen der Erde – insbesondere in Sibirien – speichern fast 50% des im Boden gelagerten Kohlenstoffs. Mit ihrem Auftauen werden sie zu einer nicht mehr zu kontrollierenden Quelle von Treibhausgasen. Das IPCC erwartet schon bei einer Erwärmung um mehr als 1,8 Grad Celsius einen nahezu kompletten Verlust der tropischen Korallenriffe, dem Lebensraum für ein Viertel aller Pflanzen- und Tierarten im Meer. Die Zeit wird also knapp.

IV.

Die Kriege der Zukunft werden Klimakriege sein. Die Erderwärmung kann zu Verteilungskämpfen führen, aus denen Kriege werden. Denn die Folgen sind auf tragische Weise sozial und regional ungerecht verteilt. Die Wohlhabenden sind von ihnen weit weniger betroffen als arme Schichten und Regionen, die weitaus weniger an der Verursachung beteiligt sind.

So ist Afrika mit einem Anteil von fast 19% an der Weltbevölkerung nur mit knapp 4% an den anthropogenen Treibhausgasen beteiligt. Massenmigration und Destabilisierung von Staaten werden die Folgen sein. Dagegen verursacht das reichste Prozent fast 15% der Klimakrise. Viel spricht dafür, dass dieser Teil der Weltbevölkerung alles tun wird, sich von der unwirtlich werdenden Erde abzuschotten.

Die Menschen der »1. Klasse« haben die Möglichkeiten dazu, ihr »Lebensglück« in kaum zugänglichen grünen Oasen des Wohlstands gegen den Rest der Welt abzuschirmen. Sie werden sich kaum veranlasst fühlen, die

[8] Randers, Jorgen (2014): Der neue Bericht an den Club of Rome, München.

notwendigen Mittel für einen globalen Klimaschutz zur Verfügung zu stellen. Es ist ein Irrglaube, die Zukunft nur mit dem Umstieg auf erneuerbare Energien zu gewinnen. Das ist sicher wichtig. Aber allein die Elektrisierung der Mobilität erfordert einen Strombedarf, der die heutigen Erzeugungskapazitäten weit übersteigt. Und ein Elektro SUV mit den hohen PS-Leistungen ist wahrlich kein Öko-Auto.

Wir kommen an der Tatsache nicht vorbei, dass die Verhinderung der Klimakrise auch eine Überwindung der kapitalistischen Wirtschaftsformen notwendig macht. Ob dafür aber der reiche Teil der Weltgemeinschaft bereit ist, das ist höchst zweifelhaft. Mit anderen Worten: In der Klimakrise werden die Konflikte in einer neuen und globalen Form deutlich, die auch den Konflikt zwischen Kapital und Arbeit geprägt haben und das in der ökologischen Frage noch sehr viel zugespitzter. Es riecht nach einem »großen« Krieg.

In dieses Bild passt, dass der Ukraine-Krieg zu einem Brandbeschleuniger für die Militarisierung der Welt geworden ist. Die Militärausgaben, die im letzten Jahr 2,1 Bio. US-Dollar erreicht haben, und damit weit höher liegen als in der zwischen Ost und West gespaltenen Welt, steigen vor allem in den reichen Industriestaaten und den aufstrebenden Schwellenländern rasant an. Deutschland ist kräftig dabei. Unser Land hatte in den letzten beiden Jahren unter den ersten 15 Staaten an der Spitze der »Rangliste« der Rüstungsausgaben die höchsten Zunahmen.

Deutschland liegt damit bereits auf Platz sieben und mit dem 100 Mrd. Euro Sondervermögen sowie der Erhöhung der Militärausgaben auf 2% des Bruttoinlandsprodukts wird Deutschland je nach wirtschaftlicher Entwicklung auf Platz drei oder vier steigen – direkt hinter den USA, China und evtl. Indien. Unser Land hat sich weit entfernt von den Ideen und Zielen von Willy Brandt und Egon Bahr.

Zurück zu Karl Polanyi: Wenn die kapitalistischen Wirtschafts- und Gesellschaftsordnungen nicht in der Lage sind, die Klimaproblematik zu entschärfen und zu einer gerechten Weltordnung zu kommen, dann kann die Mischung aus Erderwärmung, Militarisierung und neuem Nationalismus zu einer neuen Katastrophe werden, deren Ausmaß unsere Vorstellungskraft übersteigt. Das ist die Gegenbewegung, die wir mit aller Kraft verhindern müssen. Das beginnt damit, dass wir heute mit Abrüstung und gemeinsamer Sicherheit beginnen.

Lühr Henken

Die deutsche Aufrüstung und das Streben zur Weltmacht

Als Antwort auf den Angriff Russlands auf die Ukraine, den Bundeskanzler Scholz als »Zeitenwende« charakterisierte, verkündete er am 27. Februar 2022 zweierlei: von nun an Waffen in das ukrainische Kriegsgebiet liefern zu wollen – ein Tabubruch mit der deutschen Rüstungsexportpraxis seit 1945 –, und ein Aufrüstungsprogramm, das mit einem Sondervermögen in Höhe von 100 Mrd. Euro krisenfest im Grundgesetz abgesichert werden soll. »Nahezu alle Abgeordneten hörten davon zum ersten Mal, als der Kanzler spricht«,[1] stellte »Der Spiegel« fest. Der Kanzler habe seine Genossen »regelrecht überrollt«. Das tat der Begeisterung im Hohen Hause jedoch keinen Abbruch. Nachdem der Kanzler verkündete: »Wir werden von nun an Jahr für Jahr mehr als zwei Prozent des Bruttoinlandprodukts in unsere Verteidigung investieren«,[2] sprangen Abgeordnete der Regierungsfraktionen und der CDU/CSU von ihren Sitzen und applaudierten stehend. Der Spiegel-Kolumnist Markus Feldenkirchen konnte nicht umhin festzustellen: »Ein Hauch von Kaiser Wilhelm II. umwehte das Reichstagsgebäude. Man kannte keine Parteien mehr, man kannte nur noch die Bundeswehr.«[3] Beängstigend. Wie hatte Scholz diesen Coup begründet?

Er behauptete, dass Russland Europa über die Ukraine hinaus mit Krieg bedroht. Er sagte wörtlich: »Putin will ein russisches Imperium errichten. Er will die Verhältnisse in Europa nach seinen Vorstellungen grundlegend neu ordnen, und dabei schreckt er nicht zurück vor militärischer Gewalt. Das sehen wir heute in der Ukraine. Wir müssen uns deshalb fragen: Welche Fähigkeiten besitzt Putins Russland, und welche Fähigkeiten brauchen wir,

---

1 Der Spiegel 5.3.2022 S. 57.

2 Plenarprotokoll, Deutscher Bundestag – 20. Wahlperiode, 19. Sitzung, 27.2.2022, S. 1353. https://dserver.bundestag.de/btp/20/20019.pdf.

3 Markus Feldenkirchen: Panikpolitik, Der Spiegel 5.3.2022, S. 51. In Anspielung an den Appell Wilhelm II. von Anfang August 1914: »Ich kenne keine Parteien mehr, ich kenne nur Deutsche!«, der den Burgfrieden zwischen ihm und, der deutschen Generalität einerseits, und den Gewerkschaften und der Sozialdemokratie andererseits markierte. Der Kaiser kaschierte Ende Juli 1914 seine Bereitschaft zur Aggression damit, dass er Russland ungerechtfertigterweise Angriffsabsichten unterstellte, gegen die es sich zu verteidigen galt. Die Sozialdemokratie ließ folglich von ihrem Antikriegskurs ab und stimmte am 4.8.1914 für die Kriegskredite.

um dieser Bedrohung zu begegnen, heute und in der Zukunft?«[4] Dabei ist Scholz nicht an der Darstellung der militärischen und ökonomischen Kräfteverhältnisse in Europa interessiert. Kein Thema, dass die NATO insgesamt 3,2 Mio. Soldat*innen unter Waffen hat, Russland lediglich 900.000, davon in Europa 540.000,[5] während es hier zwei Mio.[6] NATO-Solda*innen gibt – somit sind knapp viermal so viele NATO-Soldat*innen in Europa wie russische. Bei schweren konventionellen Waffensystemen von Heer, Luftwaffe und Marine ist das Verhältnis entsprechend.[7] Unberücksichtigt lässt er, dass Russland seine Militärausgaben seit 2014 gesenkt hat, von knapp 85 Mrd. US-Dollar auf 66 Mrd. US-Dollar[8] (2021), während die NATO sie gleichzeitig erhöhte: von damals 943 auf 1.175 Mrd. US-Dollar.[9] Das Verhältnis hat sich von 11:1 auf 18:1 zugunsten der NATO verändert.

Dieses konventionelle Übergewicht der NATO gleicht Russland mit der Drohung mit taktischen Atomwaffen aus. Bei strategischen Atomwaffen besteht eine Parität dergestalt: Wer zuerst schießt, stirbt als Zweiter. Die USA versuchen jedoch, dieses strategische Gleichgewicht zu ihren Gunsten auszuhebeln, durch

- ein 2.000 Mrd. US-Dollar teures Modernisierungsprogramm ihrer Nuklearwaffen;[10]
- durch die Aufkündigung des ABM-Vertrags durch George W. Bush 2001, weil ihnen dadurch der Aufbau eines weltweiten Raketenabwehrsystems ermöglicht wird;

---

[4] Plenarprotokoll 27.2.2022, S. 1352.

[5] Krister Pallin: Military Forces in Northern Europe, in: Schwedisches Verteidigungsministerium, Western Military Capabilities in Northern Europe 2020, 134 Seiten, Tabelle 4.1, S. 86, www.foi.se/rest-api/report/FOI-R--5012--SE.

[6] Vor dem Ukraine-Krieg kamen 1,895 Mio. Soldat*innen aus europäischen NATO-Staaten, ca. 75.800 aus den USA.

[7] Die NATO hat das Doppelte an Kampfpanzern und das 3,3-Fache an gepanzerten Kampffahrzeugen im aktiven Dienst, hält das 4,8-Fache sowohl an Kampfflugzeugen als auch an Kampfhelikoptern aktiv. Berücksichtigt man zudem auch die Artillerie und die jeweiligen Reserven dazu, halten sich die Bestände der schweren Waffen der Landheere die Waage. Allerdings verschafft ihre Qualität der NATO einen Vorteil. Zudem hat die NATO das 9,1-fache an hochseegängigen Überwasserkampfschiffen und das 3,2-Fache an taktischen U-Booten im Dienst. Quelle: International Institute for Strategic Studies (IISS), The Military Balance 2021, 516 Seiten. Berechnungen des Autors. Fischer Weltalmanach 2019. Berechnungen des Autors.

[8] https://milex.sipri.org/sipri.

[9] NATO, 31.3.2022, Defence Expenditure of NATO Countries (2014–2021), 16 Seiten, S. 7, www.nato.int/nato_static_fl2014/assets/pdf/2022/3/pdf/220331-def-exp-2021-en.pdf .

[10] Julia Gledhill, William Hartung: Frohlocken bei Lockheed, Le Monde diplomatique, Mai 2022, Seite 5: genauer »für eine neue Generation der ›nuklearen Triade‹ (Bomber, Raketen und U-Boote) samt den entsprechenden neuen Atomsprengköpfen«.

- die Kündigung des INF-Vertrags durch Trump 2019, weil dadurch US-Mittelstreckenraketen überall auf dem Globus errichtet werden dürfen, also auch wieder in Europa.[11]

Russland ist wirtschaftlich wesentlich schwächer als die NATO-Staaten. Sein Bruttoinlandsprodukt (BIP) liegt zwischen dem von Italien und Spanien.[12] Die Schlussfolgerung daraus ist: Russland ist ökonomisch viel schwächer und militärisch in der Defensive.

Scholz verkündet das Ziel einer »leistungsfähigen, hochmodernen, fortschrittlichen Bundeswehr, die uns zuverlässig schützt«, so als ob es diese massive NATO-Überlegenheit nicht bereits gebe. Er zählte konkret Waffensysteme auf, die der Bundeswehr zukommen sollen. »Oberste Priorität« hätten dabei der Bau einer neuen Generation von Kampfflugzeugen und Kampfpanzern – vor allem gemeinsam mit Frankreich. Die *Neue Zürcher Zeitung* leitet daraus zu Recht ab, dass »die Bundeswehr in wenigen Jahren zur schlagkräftigsten konventionellen Truppe in Europa werden«[13] soll.

Wer dachte, diese Aufrüstungspläne seien taufrisch, um unmittelbar damit Russlands Angriff etwas entgegenzusetzen, sah sich getäuscht. Es handelt sich tatsächlich um Aufrüstungsvorhaben, die erstmals 2017 öffentlich, später in Bundeswehrkonzepte übernommen wurden, teilweise in Umsetzung begriffen sind oder derartig großspurig sind, dass dafür schlicht die Finanzierung fehlt. Scholz nutzte die günstige Gelegenheit, um dafür die Mittel zu besorgen.

Das »Bühler-Papier«

Ausgehend vom Papier des damaligen Chefs des Planungsstabs, Erhard Bühler, aus dem Jahr 2017 wurde die Bundeswehrrüstung nicht mehr auf Auslandseinsätze, sondern wieder auf Landes- und Bündnisverteidigung

---

[11] Mit höchster Priorität lassen die USA Hyperschallraketen für Armee, Luftwaffe und Marine entwickeln. (Congressional Research Service, The U.S. Army's Long-Range Hypersonic Weapon (LRHW), 23.5.2022; https://crsreports.congress.gov/product/pdf/IF/IF11991). »Dark Eagle« wird eine Reichweite von 2.775 km haben, landbeweglich und in Flugzeugen transportierbar sein. Vom US-Heereshauptquartier Europa in Wiesbaden aus kommandiert, ist ab 2023 mit ihrer Stationierung in Europa (möglicherweise auch in Grafenwöhr) zu rechnen. (NDR Info, Streitkräfte und Strategien, 12.3.2022, Manuskript, 18 Seiten, S. 14f. www.ndr.de/nachrichten/info/sendungen/streitkraefte_und_strategien/sendemanuskriptstreitkraefte160.pdf). »Dark Eagle« ist eine hoch präzise, nicht abfangbare konventionelle Enthauptungsschlagwaffe, mit einer Flugzeit von Grafenwöhr nach Moskau von zehn Minuten. Die Stationierung von »Dark Eagle« droht die militärische Lage in Europa vollends zu destabilisieren.

[12] Die Zahlen für 2021 laut Statista: Russland 1.775 US-Dollar, Italien 2.100 US-Dollar, Spanien 1.426 US-Dollar.

[13] NZZ 20.7.22, Deutschland bleibt ein militärisches Vakuum in Europa.

ausgerichtet.[14] Das Heer sollte bis 2031 nicht mehr nur über sechs halbwegs ausgerüstete (zu 70%), sondern künftig über zehn zu 100% ausgerüstete Brigaden verfügen.[15] Dazu soll die Zahl der Radpanzer und der Artillerie jeweils verfünffacht, neue Schützen- und Kampfpanzer und 60 Transporthubschrauber angeschafft werden, die Zahl der Kriegsschiffe um ein Drittel wachsen und Seekrieg aus der Luft soll wieder möglich werden. Die Schlagkraft der Bundeswehr sollte auf diese Weise etwa verdoppelt werden. Ohne dass Parlament oder Öffentlichkeit etwas davon mitbekamen, verpflichtete Ursula von der Leyen als damalige Verteidigungsministerin Deutschland gegenüber der NATO dazu, bis 2027 eine und bis 2031 drei komplett einsatzbereite Divisionen (das sind die zehn Brigaden aus dem »Bühler-Papier«) aufgestellt zu haben. Allein die Finanzierung fehlte.

Die Finanzierung dieser Vorhaben

Als Folge des Beschlusses des NATO-Gipfels in Wales 2014, dass sich die Mitgliedstaaten bis 2024 auf eine Erhöhung der Militärausgaben zubewegen sollen, die 2% ihres BIP entsprechen, steigerten die deutschen Regierungen seitdem diese Ausgaben Jahr für Jahr. Verzeichnete die NATO für Deutschland 2014 nach ihren Kriterien – und nur die gelten – Ausgaben von 34,75 Mrd. Euro (1,19 % des BIP) schätzt sie die nominalen Ausgaben für 2021 auf 53,03 Mrd. Euro (1,49 % des BIP).[16]

Von der Leyens Forderung von 2016 nach insgesamt 130 Mrd. Euro für neue Waffen und Ausrüstungen bis 2031 war ein markanter Meilenstein der Taktgeberin der deutschen Aufrüstung.[17] Sie gab 2018 gegenüber der NATO an, bis 2024 die Marke von 1,5 % erreichen zu wollen. Es war ihrer Nachfolgerin im Amt, Annegret Kramp-Karrenbauer, 2019 vorbehalten, zu verkünden, das Zwei-Prozent-Ziel bis 2031 erreichen zu wollen.[18]

Nach Scholz' Zeitenwende-Rede sollten die 2% schon 2022 erreicht werden und nicht erst 2031. Die mindestens 2% speisen sich jeweils aus dem re-

---

[14] Verteidigungsministerium will das Heer umstrukturieren, faz.net 6.4.17; Bis zu den Sternen, FAZ.net, 19.4.2017.

[15] Zudem gibt es ein sogenanntes Rahmennationenkonzept. Das besagt, dass sich kleinere Staaten militärisch um größere Staaten gruppieren sollen. Deutschland ist so eine Rahmennation und soll insgesamt 15 Brigaden militärisch führen können. Das sind etwa 75.000 bis 80.000 Heeressoldaten gleichzeitig.

[16] NATO Press Release, 27.6.2022, Defence Expenditure of NATO countries 2014 – 2022, 16 Seiten, S. 6 u. 8, www.nato.int/nato_static_fl2014/assets/pdf/2022/6/pdf/220627-def-exp-2022-en.pdf.

[17] 26.1.2016, www.spiegel.de/politik/deutschland/bundeswehr-ursula-von-der-leyen-will-130-milliarden-euro-investieren-a-1074065.html.

[18] 11.10.19, www.sueddeutsche.de/politik/nato-kramp-karrenbauer-zwei-prozent-ziel-bis-2031-erreichen-dpa.urn-newsml-dpa-com-20090101-191011-99-262774.

gulären Haushalt und den 100 Mrd. Euro Sonderschulden, die maximal bis Ende 2030 zur Verfügung stehen. So der Bundestagsbeschluss vom 3. Juni 2022.[19] Er legt außerdem fest, dass die 2% jeweils als Mittelwert aus fünf Jahren errechnet werden sollen, d.h. mal liegen sie drunter, mal liegen sie drüber. Für 2022 war allerdings noch nicht mit Ausgaben in Höhe von 2% des BIP zu rechnen. Die NATO schätzte, dass es 1,44 % des BIP sein würden (55,635 Mrd. Euro).[20] Den Hauptanteil daran hat der Einzelplan 14, für den im Bundeshaushalt 50,4 Mrd. Euro angesetzt sind. Der Restbetrag kommt aus anderen Haushaltstiteln, die öffentlich nicht transparent sind.

Für 2023 hat die Bundesregierung im Haushaltsentwurf 50,1 Mrd. Euro für den Einzelplan 14 angesetzt, jedoch erstmals eine Entnahme von 8,5 Mrd. Euro aus den Sonderschulden[21] angekündigt, sodass nominal die deutschen Ausgaben auf knapp 59 Mrd. Euro hochschnellen werden (+ 17 %). Hinzu kämen militärrelevante Ausgaben aus dem Bundeshaushalt, wie sie die NATO zählt, in Höhe von schätzungsweise 5,2 Mrd. Euro, sodass 2023 nominell mit deutschen Ausgaben nach NATO-Kriterien von mehr als 64 Mrd. Euro zu rechnen ist. Wie hoch der Anteil am BIP 2023 sein wird, hängt von der Höhe des BIP ab. Darüber gibt der Finanzplan des Bundes bis 2026 Auskunft.

Die Bundesregierung ging für 2022 von einem BIP in Höhe von 3.795 Mrd. Euro und für 2023 von einem nominellen Wachstum von 5,2%[22] aus. Daraus errechnen sich 3.992 Mrd. Euro für das deutsche BIP 2023. Demnach würden die 64 Mrd. Euro einen Anteil von 1,6 % am BIP bedeuten. Für die Folgejahre bis 2026 nimmt die Regierung an, dass das deutsche BIP jährlich um 2,6 % wachsen wird, sodass es demnach 2026 bei 4.312 Mrd. Euro liegen wird.[23] Um ein Fünf-Jahres-Mittel von 2% zu erzielen, müssen die Ausgaben für die Jahre 2024 bis 2026 im Schnitt über 2% liegen, weil sie 2022 (1,44 %) und 2023 (1,6 %) das Zwei-Prozent-Ziel verfehlen. Ihr Durchschnittswert von 2024 bis 2026 müsste 2,32 % pro Jahr sein. Das bedeutet für diese drei Jahre durchschnittlich Jahr für Jahr 96 Mrd. Euro deutsche Militärausgaben – fast drei Viertel mehr als 2022! Bis 2030 werden es jährlich etwa 100 Mrd. sein,

---

19 Bundestag-Drucksache 20/2090 vom 2.6.22, 16 Seiten, S. 3, https://dserver.bundestag.de/btd/20/020/2002090.pdf.

20 Fußnote 16.

21 Wirtschaftsplan des Sondervermögens Bundeswehr 2023 als Bestandteil des Einzelplans 60 in: Bundesministerium der Finanzen, 29.6.2022, Kabinettsache Datenblatt-Nr. 20/08043, 1.504 Seiten, Anlage 15, S. 1293ff., https://cdn.businessinsider.de/wp-content/uploads/2022/07/Kabinettsvorlage.pdf.

22 Finanzplan des Bundes 2022 bis 2026, in: Bundesministerium der Finanzen, 29.6.2022, Kabinettsache Datenblatt-Nr. 20/08043, 1.504 Seiten, S. 19, s. vorherige Fußnote.

23 BIP Deutschlands in Euro: 3.795 Mrd. (2022), 3.992 Mrd. (2023), 4.096 Mrd. (2024), 4.202 Mrd. (2025), 4.312 Mrd. (2026).

sodass sich die deutschen Militärausgaben bis Ende der 2020er-Jahre auf über 800 Mrd. Euro summieren werden. Die 100 Mrd. aus dem Sondervermögen sind darin nur ein kleiner Bruchteil.

Im Zuge der Umsetzung des Zwei-Prozent-Ziels wird Deutschland, das in Europa die größte Wirtschaftsmacht ist, mittelfristig zur größten konventionellen Militärmacht in der EU aufsteigen. Denn Frankreich, die zweitgrößte Ökonomie Europas, ist um ca. 35 % schwächer als die deutsche,[24] sodass – unter der Voraussetzung, dass beide Länder jeweils 2% für ihr Militär ausgeben –, die deutschen Militärausgaben Jahr für Jahr über 35% höher liegen werden als die französischen.

Was haben die mit dem vielen Geld vor?

Finanziert werden soll damit die umfassende Aufrüstung von Heer, Marine und Luftwaffe. So soll für alle Teilstreitkräfte neue Munition gekauft werden. Kosten: sage und schreibe 20 Mrd. Euro. Finanziert werden soll sie nicht aus dem Sondervermögen, sondern aus dem Einzelplan 14.

Dem Gesetz über das Sondervermögen ist ein »Wirtschaftsplan des Sondermögens 2022«[25] angehängt, aus dem hervorgeht, welche Milliardenbeträge auf welche Teilstreitkräfte verteilt werden sollen. Es fehlen jedoch jeweils Angaben über die Anzahl, die Kosten im Einzelnen und der Zeitrahmen für die Anschaffung der Waffensysteme.

Für die »Dimension Land« stehen aus dem Sondervermögen für acht Vorhaben 16,6 Mrd. Euro zur Verfügung. Das ist für die größte Teilstreitkraft ein eher geringer Betrag. Es sollen 350 Schützenpanzer PUMA auf eine Goldrandlösung aufgerüstet werden. Zudem soll es Nachfolger der Schützenpanzer Marder und der Transportpanzer Fuchs geben. Zum Heeresbereich kommen noch Anschaffungen aus der »Dimension Führungsfähigkeit/Digitalisierung« hinzu, die mit 20,7 Mrd. Euro sehr hoch dotiert ist.[26] Auch 1,9 Mrd. Euro, die für die Bekleidung und persönliche Ausrüstung vorgesehen sind, kommen dem Heer zugute.

Diese Maßnahmen bewegen sich im Rahmen des »Bühler-Papiers« und benötigen Jahre für die Umsetzung. Sie sind ohne Bedeutung für den der-

---

[24] Die NATO errechnet 2021 für Frankreich 2.579 Mrd. US-Dollar und für Deutschland 3.527 US-Dollar, beides auf der Basis von Preisen von 2015. Das deutsche Plus beträgt 37%. Siehe Fußnote 16, S. 10.

[25] Sondervermögen Bundeswehr, 5 Seiten, www.hardthoehenkurier.de/images/Wirtschaftsplan_Sondervermo%CC%88gen.pdf.

[26] Zu nennen ist hier die »Digitalisierung landbasierter Operationen«, das Battle-Management-System sowie Gefechtsstände und Funkgeräte. Hervorzuheben ist auch die Ausrüstung »Infanterist der Zukunft« auf den Einsatzstandard der Speerspitze der NATO Response Force.

zeitigen Ukraine-Krieg. Der Knaller des Heeres ist das Main Ground Battle System (MGCS). Dieses Vorhaben beruht auf einer geradezu epochalen Regierungsvereinbarung von Merkel und Macron im Jahr 2017.

Neue Kampfpanzer-Generation MGCS

Bis 2035 soll eine neue Generation von Kampfpanzern produktionsreif sein und die Leopard 2 der Bundeswehr sowie die Leclerc-Panzer in der französischen Armee ersetzen. Ziel ist es, »ein Hightech-System zu entwickeln, bei dem Robotik und Waffen wie Hochgeschwindigkeitsraketen eine entscheidende Rolle spielen«.[27] MGCS soll so zu einem militärischen Gamechanger werden.[28] Das heißt so viel wie: Mit MGCS soll jede Panzerschlacht gewonnen werden. Krauss-Maffei Wegmann (KMW) hat mit der französischen Firma NEXTER eigens für MGCS das Joint Venture KNDS gegründet. KNDS entwickelt zusammen mit Rheinmetall das MGCS. Der damalige KMW-Chef Frank Haun, heute ist er KNDS-Chef, rechnete 2018 in den nächsten 25 bis 30 Jahren in Europa mit einem Bedarf von 5.000 Kampfpanzern im Wert von 75 Mrd. Euro.[29] An weltweite Umsätze von rund 100 Mrd. Euro bis in die 2040er-Jahre hinein wird gedacht.[30] Deutschland hat beim MGCS-Projekt die Führung inne. Es hakt allerdings bei der Umsetzung der Aufgabenverteilung zwischen den beteiligten Rüstungskonzernen.[31] Da Scholz diesem Vorhaben künftig »höchste Priorität« beimessen will, dürfte es da wohl bald vorangehen.

Die deutsche Marine – hochgerüstet nicht nur in die Ostsee

Der Wirtschaftsplan sieht für die »Dimension See« 8,8 Mrd. Euro vor. Weitere Gelder stecken in der »Dimension Führungsfähigkeit/Digitalisierung«, sodass die FAZ gesamthaft für die Marine auf eine Summe von 19 Mrd. Euro kommt.

Die deutsche Marine wird ab 2025 in Rostock die Führung eines Marineführungskommandos der NATO »für Operationen an der Nordflanke des Bündnisses«[32] übernehmen. Schon heute verfügen die Flotten der NATO-Anrainer der Ostsee über mehr Kriegsschiffe und U-Boote als die russische

---

[27] Björn Müller: Streitkräfte und Strategien, NDR Info, 2.11.19.

[28] Björn Müller: Die Hürden für Europas gemeinsamen Kampfpanzer, 31.10.19, www.faz.net/aktuell/politik/ausland/ruesten-fuer-europa-huerden-fuer-den-gemeinsamen-kampfpanzer-16439321-p2.html.

[29] Handelsblatt.de, 26.4.18.

[30] Ebd.

[31] Lars Hoffmann: Europäische Sicherheit & Techik (ES&T) November 2021, S. 49.

[32] 22.1.19, www.bundeswehr-journal.de/2019/feierliche-indienststellung-des-nationalen-stabes-deu-marfor (letzter Abruf: 12.4.2023).

Baltische Flotte, mit ihrem Hauptquartier in Kaliningrad.[33] Das Gesamtverhältnis in der Ostsee ist im Kriegsfall unter Einschluss Norwegens, Schwedens und Finnlands in die NATO 104 zu 40 zum Nachteil Russlands.

Deutschland hat ohnehin die stärkste NATO- und EU-Marine der Ostsee-Anrainer und rüstet weiter auf gegen Russland. 2018 verfügte die deutsche Marine über 14 Kampfschiffe (neun Fregatten und fünf Korvetten) und sechs U-Boote. Damals gab das Verteidigungsministerium bekannt, dass die Flotte 2032 von 14 auf 25 Kampfschiffe und von sechs auf acht U-Boote anwachsen soll: ein Plus von 80% bei Kampfschiffen und 33% bei U-Booten. Auffallend ist, dass die deutsche Marine zunehmend Kriegsschiffe entwickelt, die von See an Land schießen können.

Ein Vergleich des Wirtschaftsplans mit den Zielplanungen bis 2032 lässt nicht erkennen, dass es an den hochgesteckten Zielen irgendwelche Abstriche gibt. Die Kriegsschiffe werden immer größer, sie werden immer mehr, sie werden immer kampfstärker und sie werden immer kostspieliger, sodass ihre weltweite Einsatzfähigkeit erheblich steigt.[34]

Größter Brocken für die Luftwaffe

Die Luftwaffe soll den größten Brocken der 100-Mrd.-Bazooka erhalten: 33,4 Mrd. Euro.[35] Die FAZ schreibt der Luftwaffe sogar 41 Mrd. Euro zu. Sechs Mrd. Euro davon fließen in 60 schwere Transporthubschrauber des Typs Chinook von Boeing. Sie sollen bis 2030 ausgeliefert sein. Für 152 Mio. Euro sollen 140 Raketen gekauft werden, die der Bewaffnung von Kampfdrohnen des Typs HERON TP aus Israel dienen. Mit ihrem Einsatz muss ab 2024 gerechnet werden.

Insgesamt soll im kommenden Jahrzehnt etwa die Hälfte der Luftwaffe erneuert werden. 118 Eurofighter[36] und Tornados sollen durch 128 neue Kampf-

---

[33] Neun NATO-U-Booten steht dort ein russisches U-Boot gegenüber, die NATO-Länder haben elf Zerstörer, Fregatten und hochseegängige Korvetten, Russland sieben. Bei Patrouillenbooten ist das Verhältnis allerdings 31 zu 32 zugunsten Russlands. Mit Norwegen, Schweden und Finnland umfassen die NATO-Kräfte in der Ostsee 20 U-Boote, 26 Zerstörer, Fregatten und Korvetten sowie 58 Patrouillenboote (zusammen 104 Kampfeinheiten). Siehe International Institute for Strategic Studies (IISS), London, The Military Balance 2021, Berechnungen des Autors.

[34] Einen Überblick über die deutsche Marinerüstung findet sich hier: Lühr Henken, Volle Kraft voraus auf fremde Küsten, September 2021, 5 Seiten, www.imi-online.de/download/LH-Marineruestung.pdf.

[35] 1.4.2022, www.n-tv.de/politik/Luftwaffe-soll-40-Milliarden-Euro-bekommen-article23241483.html (letzter Abruf: 12.4.2023).

[36] 118 Flugzeuge = 85 Tornados + 33 alte Eurofighter der Tranche 1.

flugzeuge »ersetzt« werden.[37] Ein Teil davon soll definitiv aus dem Sondervermögen finanziert werden. Das sind zwei neue Flugzeugtypen, die die altersschwachen Tornados der Bundeswehr ersetzen sollen. Die Tornados sollen im Rahmen der »Nuklearen Teilhabe« der NATO in Büchel gelagerte US-Atombomben in Richtung Russland tragen können. Als Tornado-Ersatz sollen 35 Tarnkappenbomber F-35 in den USA sowie 15 Eurofighter zur Unterdrückung der russischen Flugabwehr gekauft werden. Die F-35 sollen wohl 10 Mrd. Euro kosten, die Eurofighter vier Mrd. Euro.[38] Ausgeliefert werden sollen die F-35 von 2027 an, die Eurofighter ab 2029.

Die in Büchel gelagerten 15 Freifallbomben[39] der Typen Typs B61-3 und B61-4 sollen ab 2024 durch wesentlich präziser steuerbare Nachfolgermodelle des Typs B61-12 ersetzt werden. Zudem – und das ist von ganz besonderer Bedeutung – können sie, im Gegensatz zu den derzeitigen Modellen, »mehrere Meter in das Erdreich eindringen und somit [...] gezielt gegen tiefliegende Bunker eingesetzt werden«.[40]

Kampfflugzeugsystem FCAS

FCAS ist wahrlich ein Jahrhundertprojekt, auf das sich Macron und Merkel 2017 verständigt haben. Spanien kam inzwischen hinzu. Dabei sollen die dann veralteten Kampfflugzeuge Deutschlands (Eurofighter) und Frankreichs (Rafale) nicht schlicht durch ein neues Kampfflugzeug ersetzt werden, sondern durch das Kampfflugzeugsystem der Zukunft »Future Combat Air System« (FCAS). FCAS soll in den Jahren 2040 bis 2080 eingesetzt werden. Allein seine Entwicklungskosten werden auf über 100 Mrd. Euro geschätzt. Branchenkenner rechnen mit einem Umsatz von 500 Mrd. Euro.[41] FCAS ist damit fünfmal größer als das bisher größte europäische Militärprojekt, der Eurofighter.[42]

---

[37] Die Lebenswegkosten, also die Gesamtkosten für Anschaffung, Betrieb, Ersatzteile, Modernisierung etc., über 40 Jahre werden zusammen geschätzt 100 Mrd. Euro betragen.

[38] Griephan-Brief 13/22, in: Jürgen Wagner: Kriegskredite und Rüstungslisten 6.6.22, www.imi-online.de/2022/06/06/kriegskredite-und-ruestungslisten/.

[39] https://fas.org/blogs/security/2021/12/fa-18_removed-from-fact-sheet/ abgelesen 12.8.22.

[40] Ebenda.

[41] Das Projekt wird »nach Schätzungen aus der Branche«, so das Handelsblatt, »einen Umsatz von 500 Milliarden Euro bringen«. Siehe Thomas Hanke, Martin Murphy, Donata Riedel, So wollen Deutschland und Frankreich ihre Rüstungsindustrie neu aufstellen, 26.11.18, www.handelsblatt.com/politik/international/gemeinsame-jets-und-panzer-so-wollen-deutschland-und-frankreich-ihre-ruestungsindustrie-neu-aufstellen/23673794.html?ticket=ST-1006788-z1Z9FyM2EFj5ebyOlmst-ap2 (zuletzt: 12.4.2023).

[42] Die 140 Bundeswehr-Eurofighter der Tranchen 1 bis 3A kosteten knapp 25 Mrd. Euro. Für insgesamt 623 bestellte Eurofighter müssen rund 100 Mrd. Euro berappt werden.

Im Zentrum von FCAS steht ein neu zu entwickelndes Kampfflugzeug der nächsten, der 6. Generation:[43] der Next Generation Fighter (NGF). Jedes NGF soll von bewaffneten Drohnen, wie der Eurodrohne,[44] und Drohnenschwärmen in einem digitalen Netzwerk, der sogenannten Kampf-Cloud, umgeben sein. Beim NGF hat Frankreichs Dassault die Führungsrolle inne. Die Kampf-Cloud gilt als elektronisches Gehirn, als Kommando-Zentrale, in dem die Daten zusammenfließen. »Auf Airbus und seine Zulieferer entfallen mit den deutschen und spanischen Standorten zwei Drittel der Wertschöpfung und auch zwei Drittel des Budgets.«[45]

Das NGF wiederum ist mit anderen NGFs verbunden, mit Satelliten, mit Aufklärungsdrohnen, mit Aufklärungs- und Tankflugzeugen, mit Kriegsschiffen und Heereseinheiten. Die Verbindung schafft Echtzeit-Bilder und Echtzeit-Analysen. In der »Kampf-Cloud« spielt Künstliche Intelligenz die alles durchdringende zentrale Rolle. FCAS stellt eine Revolution der Militärtechnik dar. Es wird deshalb als »System of Systems« bezeichnet.

---

[43] Die Spitze der Entwicklung momentan bildet mit dem US-amerikanischen F-35 die 5. Generation. Die angesprochenen Rafale und Eurofighter sind Kampfflugzeuge der Generation 4+.

[44] Eurodrohnen sind Mehrzweckdrohnen Deutschlands, Frankreichs, Italiens und Spaniens und ein Projekt der militärischen Ständigen Strukturierten Zusammenarbeit PESCO der EU unter deutscher Führung. Airbus Defence & Space entwickelt und baut die Eurodrohnen federführend. Die Drohnen dürfen im zivilen Luftraum fliegen, können also überall starten und landen. Das erhöht die militärische Flexibilität in unerhörtem Maß. Die Eurodrohnen werden mit Elektronik vollgestopft. Mit ihrer SIGINT-Technik spioniert die Eurodrohne die militärischen Führungs- und Kommandostrukturen fremder Länder aus. Dafür nimmt sie aus einer Flughöhe von 13 km herunter in einem Radius von bis zu 400 km elektronische Signale auf. Zudem legt sie digitale detaillierte Landkarten an, in die die mittels SIGINT ermittelten strategischen Orte eingetragen und als Angriffsziele zugewiesen werden.

Die Eurodrohnen, mit elf Tonnen Gewicht mehr als doppelt so schwer wie die derzeit größten Kampfdrohnen HERON TP und Reaper (»Sensenmann«) aus den USA, sollen eine Panzerabwehrlenkrakete (»Brimstone«) sowie eine lasergelenkte Bombe von 227 kg-Gewicht (GBU-49) tragen, die auf sechs bis neun Meter genau trifft. So will es Generalinspekteur Zorn. Die Eurodrohne wird in Bundeswehrkreisen als »europäische Superdrohne« und als ein »echter Gamechanger« für die Luftwaffe gepriesen. (Oberstleutnant Jens Büttner, Angehöriger des Kommandos Luftwaffe, ES&T August 2022, S. 57) Von den insgesamt 63 Eurodrohnen, die die vier Staaten abnehmen wollen, will Deutschland 21. Der Vertrag ist rechtskräftig. »Die Kosten des deutschen Anteils dieses Projekts liegen bislang nahe an vier Milliarden Euro.« (FAZ 15.6.21) Eine Eurodrohne kostet also weit mehr als ein Eurofighter. Sämtliche Eurodrohnen sollen bei Airbus in Manching bei Ingolstadt endmontiert, ab 2029 sollen die 21 deutschen Eurodrohnen in Jagel (Schleswig-Holstein) stationiert werden. Aufhängepunkte für die Waffen werden jeweils angebracht, die Waffen werden später beschafft.

[45] FAZ 19.2.22, Interview mit Michael Schöllhorn, Geschäftsführer von Airbus Defence & Space.

Das Kampfflugzeug NGF wird als Tarnkappenbomber und als Träger von Atombomben konzipiert, und soll auf einem eigens noch herzustellenden französischen oder deutsch-französischen Flugzeugträger starten und landen und möglicherweise auch unbemannt fliegen können.

Das militärische Ziel von FCAS ist es, über eine Kampfüberlegenheit in der Luft auch den Krieg an Land und auf dem Meer zu gewinnen und ist vor allem gegen Großmächte gerichtet. Die EU strebt damit militärischen Weltmachtstatus an. Dafür gibt es zwei Belege:

Erstens den gemeinsamen Standpunkt der Luftwaffenchefs Deutschlands, Frankreichs und Spaniens. Sie sagen, worum es ihnen mit FCAS geht: Es »soll in allen Kategorien des Luftkampfes über hervorragende Fähigkeiten verfügen, dadurch die Luftüberlegenheit unserer Luftwaffen und dadurch die erforderliche Bewegungsfreiheit der anderen Teilstreitkräfte sicherstellen.«[46]

Zweitens stellt der französische Senat zur FCAS-Architektur fest: »Die Herausforderung an die künftigen Kampfflugzeuge wird darin bestehen, die Fähigkeit zur Eroberung und Aufrechterhaltung der Luftüberlegenheit zu besitzen, um mit der dritten Dimension sowohl zu Land als auch zu Wasser agieren zu können.«[47]

FCAS ist nur realisierbar, wenn das System oder wesentliche Teile davon auch nach außerhalb Europas exportiert werden können, was wiederum nur möglich ist, wenn auf US-amerikanische Bauelemente verzichtet wird, denn sonst könnte die US-Regierung Einspruchsrechte geltend machen. Die EU will sich auf diesem Weg eine militärische »Strategische Autonomie« – also Unabhängigkeit von den USA – verschaffen, die insbesondere Frankreich für sich anstrebt. »Strategische Autonomie« ist als Ziel der EU seit 2016 zunächst in ihrer Globalstrategie festgelegt und in ihrem im März 2022 verabschiedeten »Strategischen Kompass«[48] operationalisiert worden. Mittels »Strategischer Autonomie« soll die EU »ihre geopolitische Stellung ausbauen«. Im »Strategischen Kompass« wird konkret die Förderung der Entwicklung von FCAS und MGCS als »strategische Fähigkeit« angestrebt.

---

[46] FAZ.net 21.2.20, Philippe Lavigne, Javier Salto Martines-Avial, Ingo Gerhartz: Die Zukunft der europäischen Luftwaffen, www.faz.net/aktuell/politik/gastbeitrag-die-zukunft-der-europaeischen-luftwaffen-16642571.html.

[47] Ronan Le Gleut, Hélène Conway-Mouret: Senatoren, Senat, Sondersitzung 2019–2020, Informationsbericht Nr. 642, ausgestellt im Namen des Ausschusses für auswärtige Angelegenheiten, Verteidigung und Streitkräfte über das Luftkampfsystem der Zukunft (Future Combat Air System, FCAS), 15. Juli 2020, 99 Seiten, S. 29. www.senat.fr/rap/r19-642-3/r19-642-31.pdf.

[48] Vgl. Jürgen Wagner: Ein Strategischer Kompass – Für Europas Rückkehr zur Machtpolitik, Brüssel 8.6.2022, 42 Seiten, www.rosalux.eu/de/article/2135.ein-strategischer-kompass.html.

Der Vorsitzende der größten Regierungspartei SPD, Lars Klingbeil, machte sich dies zueigen, als er forderte, die Europäische Union müsse »eine geopolitische Bedeutung entfalten«, und »Deutschland muss den Anspruch einer Führungsmacht haben«.[49] Letzteres steht zwar nicht im »Strategischen Kompass«, ist aber offensichtlich ganz im Sinne seines Parteifreundes, Bundeskanzler Scholz, der in seiner »Zeitenwende-Rede« bereits angekündigt hatte, MGCS und FCAS mit höchster Priorität angehen zu wollen, und in einem Grundsatzartikel[50] unterstrich, die EU müsse ein geopolitischer Akteur[51] werden. Es gelte in der EU die Reihen zu schließen, »beim Aufbau einer europäischen Verteidigung, bei technologischer Souveränität und demokratischer Resilienz«, schreibt er. Scholz kündigt auch hier einen deutschen Führungsanspruch an.[52]

Da Deutschland als größte Wirtschaftsmacht Europas die höchsten Militärausgaben anstrebt, bei den Mega-Militärprojekten die technologische und finanzielle Führung beansprucht, formuliert die SPD-geführte Bundesregierung nicht weniger als den Anspruch, die EU mit Deutschland an der Spitze zu einer militärischen Weltmacht ausbauen zu wollen. Dadurch befeuert Deutschland das Wettrüsten gegenüber Russland, aber auch gegenüber China und den USA. Wird dem Rüstungswahn nicht Einhalt geboten, droht der Menschheit und dem Globus eine Megakatastrophe. Die Zukunft kann nur durch gegenseitige Rüstungskontrolle und gleichgewichtige Abrüstung gesichert werden, wobei das strategische Gleichgewicht gewahrt werden muss.

---

[49] FAZ 22.6.2022, Klingbeils neue Wirklichkeit.

[50] FAZ 18.7.2022, Olaf Scholz: Nach der Zeitenwende.

[51] FAZ 18.7.2022, Bundeskanzler Scholz fordert eine geopolitische EU.

[52] Ebd. Scholz kündigt an, dass »Deutschland in dieser schwierigen Zeit Verantwortung für Europa und in der Welt übernimmt. Führen, das kann nur heißen: zusammenführen, und zwar im doppelten Wortsinn. Indem wir zusammen und mit anderen Lösungen erarbeiten und auf Alleingänge verzichten. Und indem wir, als Land in der Mitte Europas, als Land, das auf beiden Seiten des Eisernen Vorhangs lag, Ost und West, Nord und Süd in Europa zusammenführen.«

Marion Küpker

Beendigung der nuklearen Teilhabe

In diesem Beitrag stelle ich Hintergrundinformationen und Entwicklungen der Proteste gegen die Atomwaffen in Büchel im Zusammenhang mit der bundesweiten Kampagne *Büchel ist überall! atomwaffenfrei.jetzt* und *ICAN Germany* vor.[1] Daraus resultiert unser Erfolg in der Ampelregierungs-Koalitionszusage im Juni (2022) als erstes NATO-Land den Beobachterstatus in der 1. Staatenkonferenz zum Atomwaffen-Verbotsvertrag (1. MSP) in Wien einnehmen zu wollen. Im Juli beteiligte ich mich dann an einigen Protestaktionen am Atomwaffenstützpunkt Büchel von IPPNW & ICAN sowie an der Internationalen Woche. Ende Juli folgte bereits die Internationale Peace & Planet Netzwerk-Konferenz der Nichtregierungsorganisationen im Vorfeld der einmonatigen 10. Nichtverbreitungsvertrags-Konferenz (NVV/engl. NPT) in New York, Letztere in den Vereinten Nationen (UN).

Diese Konferenzen und Proteste standen alle vor dem düsteren Hintergrund des völkerrechtswidrigen Krieges Russlands in der Ukraine und auch der weiter eskalierenden Beteiligung vieler westlicher Länder u.a. mit schweren Waffenlieferungen an die Ukraine. Wir sind wieder kriegsbeteiligt und es ist zudem ein Krieg, der sich jederzeit in einen regionalen oder auch globalen Atomkrieg ausweiten kann, bzw. in eine atomare Katastrophe durch die sechs AKW im aktiven Kriegsgebiet. Meine folgenden analytischen Ergebnisse der Proteste und Konferenzen sind daher von diesem Krieg mitgeprägt, der zeigt, wohin uns die nukleare Abschreckungspolitik gebracht hat, die diesen Krieg nicht verhindern konnte. Überdeutlich zeigt es das Scheitern der nuklearen Abschreckungspolitik, die alle Atommächte zu verantworten haben!

Und auch für das Scheitern des Nichtzustandekommens des NVV-Abschlussdokuments kann nicht allein Russland verantwortlich gemacht werden. Der Text des Abschlussdokumentes ist unabhängig vom Ukrainekrieg eine inhaltliche Katastrophe, was die Rettung des Klimas betrifft. An diesem Übel ist Deutschland federführend mit beteiligt, worauf ich in Teil II genauer eingehen werden.

---

[1] Manuskript abgeschlossen am 4. September 2022.

I. Widerstand gegen Atomwaffen in Deutschland

Mit der bundesweiten Kampagne *Büchel ist überall! atomwaffenfrei.jetzt* und *ICAN Germany* gelang es in den letzten Jahren auf verschiedenen Ebenen viel Druck auf unsere Regierung auszuüben. Dieses geschah mit dem Ziel: Erstens des Abzugs der aktuell ca. 15 US-Atombomben aus Deutschland (Bundeswehr Fliegerhorst Büchel), zweitens der Verhinderung der nuklearen Aufrüstung mit neuen US-Atombomben in Büchel (Typ B61-12), sowie drittens der Forderung nach Unterzeichnung und Ratifizierung des internationalen Atomwaffen-Verbotsvertrages durch unsere Regierung, was definitiv ein Ende der nuklearen Teilhabe Deutschlands in der NATO zur Folge hätte. *Büchel ist überall! atomwaffenfrei.jetzt* ist die vierte Kampagne des seit 1995 bestehenden Trägerkreises *Atomwaffen abschaffen – bei uns anfangen!* und besteht derzeit aus über 77 Organisationen/Gruppen der Friedensbewegung.[2] Die jetzige Kampagne begann ab dem Jahr 2016 jeweils am 26. März mit einer jährlichen 20-wöchigen Aktionspräsenz an der Militärbasis in Büchel, da der 26. März an den Bundestagsbeschluss von 2010 erinnern soll. Dieser Beschluss stimmte überparteilich für Verhandlungen in der NATO zum Abzug der in Deutschland stationierten US-Atomwaffen und endet genau nach 20 Wochen am Gedenktag des Atombombenabwurfes auf die japanische Stadt Nagasaki am 9. August 1945.

Standort Büchel und Nukleare Teilhabe

In Büchel trainieren deutsche Piloten den Einsatz, d.h. das Fliegen und Abwerfen der US-Atombomben mit den derzeitigen Atomwaffenträgern, namentlich den deutschen Tornado-Kampfjets. Im NATO-Bündnis finden zusätzlich jährliche gemeinsame Atomkriegsmanöver statt, die die aktuellen Kriegsszenarien durchspielen (z.B. Staedfast Noon). An dieser nuklearen Teilhabe der NATO sind zusätzlich die Niederlande, Belgien und Italien beteiligt, und weitere dieser B61-Atombomben werden in der Türkei, Griechenland und aktuell wieder in Großbritannien in Europa gelagert. Die aktuellen B61-Atombomben verfügen über eine unterschiedlich große Sprengkraft und haben maximal die ca. 10-fache Sprengkraft der Hiroshimabombe. Der US-Präsident hat die Befehlshoheit über die NATO und kann den Einsatz dieser Bomben anordnen, wobei umstritten ist, ob es letztendlich hierfür ein Mitspracherecht seitens der deutschen Regierung gibt, da die NATO vorgibt, im Konsens zu agieren.

---

[2] www.atomwaffenfrei.de.

Stand der nuklearen Aufrüstung in Büchel

Aktuell wird der Atomwaffen-Stützpunkt Büchel von Juni 2022 bis Januar 2026 für 259 Mio. Euro ausgebaut. Der Bauplan beinhaltet den Ausbau der Startbahn sowie die Modernisierung der Atomwaffen-Infrastruktur. So sollen die Spezialbehälter in den Flugzeug-Hangars, wo die Atombomben gelagert sind, erneuert werden. Dies geschieht mit allen europäischen Atomwaffen-Standorten, die zur nuklearen Teilhabe der NATO gehören (Belgien, Niederlande, Italien, und z.T. die Türkei). Diese Baumaßnahmen dienen der Vorbereitung der Stationierung der neuen US-Atombomben (Typ B61-12), deren Produktion Ende letzten Jahres in den USA begonnen hat. Für diese vier Jahre zieht das Luftwaffengeschwader 33 mit den Tornado-Kampfjets in die Nähe der Stadt Köln auf die Militärbasis Nörvenich um. Im Anschluss sollen die alten Atombomben (Typ B61) gegen die neuen B61-12 in Büchel ausgetauscht werden. Sie sollen eine kleinere Sprengkraft haben (maximal die ca. dreifache Sprengkraft der Hiroshimabombe) und können nun satellitengesteuert und mit kleinem Endflügel ausgestattet im freien Fall genauer ins Ziel nachgesteuert werden. Es ist eine erdeindringende Bombe, deren neuen Fähigkeiten die Hemmschwelle für einen Einsatz senken.

Nukleare Teilhabe im Nuclear Posture Review

Die Nukleardoktrin des Nuclear Posture Review vom Februar 2018 – unter US- Präsident Trump – vertritt den frühzeitigen und flexiblen Einsatz von kleinen Nuklearwaffen sowie die Verkoppelung von konventionellen und kleineren nuklearen Waffen in der Kriegsführung. Im aktuellen Nuclear Posture Review – unter US-Präsident Biden – wurde diese Doktrin nicht zurückgenommen und auch nicht der Verzicht auf einen Ersteinsatz von Atomwaffen, wie es von der US-Friedensbewegung seit Langem gefordert wird. Der SPD-Fraktionsvorsitzende Rolf Mützenich erläuterte in einem Interview in 2020, dass das Thema der nuklearen Teilhabe symbolisch überladen bleibe, da sie stellvertretend für die Glaubwürdigkeit des amerikanischen Nuklearschirms stehe. Auch wenn man der Meinung sei, die Abschreckung durch amerikanische Atomwaffen bleibe angesichts der neuen Bedrohungslagen unerlässlich, wäre diese bereits durch US-Interkontinentalraketen, die US-Bomberflotte und die nuklear bestückte U-Bootflotte (vor Europas Küste) garantiert.

Neue Atomwaffenträger-Kampfjets

Wie im Koalitionsvertrag angekündigt, verständigte sich die Ampel-Koalition im Juni 2022 über das zu kaufende neue Atomwaffenträger-Kampfflugzeug: 35 Stück des US-amerikanischen F35 Tarnkappenjets des Herstellers Lockheed Martin sollen als Tornado-Nachfolgemodell für die neuen Atombomben des Militärflugplatzes Büchel gekauft werden. Bisher wurde die Anschaffung neuer Atomwaffen-Trägerflugzeuge mit 10 Mrd. Euro veranschlagt. Das von Kanzler Scholz angekündigte 100-Milliardenpaket »Sondervermögen« soll auch dazu dienen, die geplanten Atombomber-Ausgaben für Büchel; sowie das für das Jahr 2040 mit Frankreich geplante Future Combat Air System (FCAS) mit einem nuklearfähigen EU-Kampfflugzeug zu finanzieren. Auch Italien, Belgien und die Niederlande haben sich für den F35 als neuen Atomwaffenträger entschieden.

Atombomben-Klima-Blindheit

Der bisherige Tornado-Kampfjet wird seit 1985 in der Eifel eingesetzt. Die CO_2-Belastung je Flugstunde liegt beim Tornado Kampfflugzeug bei 12.000 kg (12 t). Die Bücheler Atombomben-Piloten vom Luftwaffengeschwader 33 erreichten im April 2019 nach 34 Jahren ihre 200.000ste Tornado-Flugstunde. Das haben sie in Büchel medienwirksam gefeiert, d.h. allein die alten Atombomberjets haben nach 35 Jahren ca. 2,5 Millionen Tonnen CO_2 in unsere Umwelt geblasen. Die militärischen Flüge, bzw. das Militär wird nicht in die Klimabilanz miteinbezogen. Isabelle Casel, DFG-VK Mitglied, schreibt im Klima und Krieg Artikel für DIE LINKE: der »Krieg, Militär und Rüstungsindustrie gehören zu den Hauptverursachern von Treibhausgasemissionen, Feinstaubbelastungen und Umweltkatastrophen weltweit. Im Kyoto-Protokoll und den anderen UN-Klimadokumenten einschließlich der Charta von Paris wurde das Militär von den Regierungen, auf Druck der NATO-Staaten, allerdings absichtlich ausgeklammert – das muss dringend geändert werden!« Hier ein weiteres Beispiel zu Atombomben und Klima: Im Inneren der Atombomben wird es bei der nuklearen Kettenreaktion 60 bis 100 Mio. Grad Celsius heiß. Das entspricht etwa dem 10.000- bis 20.000-Fachen der Oberflächentemperatur unserer Sonne. Die großen Atommächte mit ihren 500 oberirdischen Atomtests, sowie die 1.500 unterirdischen Atomtests tragen daher eine besondere Mitverantwortung für die globale Klimaerwärmung.

Widerstandsaktionen in Büchel

Während in Büchel ab 2016 bundesweit und international Friedensgruppen anreisten, um mit Mahnwachen mit und ohne kirchliche Würdenträger*innen in den 20-wöchigen Aktionspräsenzen ihre Proteste zum Ausdruck zu bringen, entschieden sich andere für gewaltfreie Blockaden oder auch gewaltfreie Go-in-Aktionen des zivilen Ungehorsams. Die Projektgruppe Kirchen gegen Atomwaffen organisierte jährliche Gottesdienste am Bücheler Haupttor mit dem Trierer Bischof Stephan Ackermann (2017), dem Friedensbeauftragten des Rates der EKD, Pastor Renke Brahms (2018), der Bischöfin Margot Kässmann (2019), mit der Kirchenpräsidentin der Evangelischen Kirche, Pfarrerin Dorothee Wüst und dem Präsidenten von pax christi-Deutschland, Bischof Peter Kohlgraf (2021+ inkl. Livestream) sowie dem mennonitischen Theologen Fernando Enns (2022).

Seit dem Jahr 2020 verringerte die Corona-Pandemie die Größe und Anzahl der Proteste. Die regionalen Behörden nutzten die Corona-Zeit, um unsere Bedingungen vor Ort zu verschlechtern: Ein Grundstückspächter, der uns seit über 14 Jahren unterstützte, wurde vertrieben (zwangsgeräumt). Campflächen am Haupttor des Atomwaffen-Stützpunktes wurden in Blüten-/Insektenschutz-Wiesen umgewidmet, Parkmöglichkeiten extrem eingeschränkt. Gruppen werden jetzt in ca. 20 km Entfernung auf privaten Campingplätzen an der Mosel, an Vulkanseen oder in regionalen Tagungshäusern untergebracht und organisierten ihre Aktionen von dort aus. Das Anmelden von Mahnwachen ist zum jetzigen Zeitpunkt nach wie vor möglich, und auch die in 100 Meter vom Haupttor entfernte Friedenswiese wird bisher geduldet.

Gerichtsprozesse der Go-in-Aktionen

In den letzten drei Jahren wurden über 60 Gerichtsprozesse geführt. Viele davon aus den Jahren 2017, 2018 und 2019, wo die meisten Go-in Aktionen stattfanden. Alle Prozesse wurden von den friedenspolitischen Soligruppen im Amtsgericht Cochem und im Landgericht Koblenz mit Mahnwachen und Prozessbeobachtungen begleitet. Unter den Aktionsgruppen befindet sich die gewaltfreie Aktion *Atomwaffen Abschaffen (GAIA)*, die die Proteste vor 26 Jahren in Büchel startete und seit 2017 regelmäßig im Juli die Internationale Woche während der 20-wöchigen Aktionspräsenz durchführt. Darunter haben wir jährlich US-Delegationen, deren Teilnehmende zu Hause an den US-Produktionsstädten der neuen Atombomben (B61-12) aktiv sind. Zum jetzigen Zeitpunkt gibt es insgesamt von 15 Personen nicht-angenommene Verfassungsbeschwerden in Karlsruhe und von zwei Personen eine Klagebeschwerde beim Europäischen Gerichtshof für Menschenrechte in Straßburg (darunter ich), die im November 2021 eingereicht wurde und noch anhängig ist. Die letzte Verfassungsbeschwerde wurde im Frühjahr erstmalig durch einen US-Aktivisten eingereicht und ist noch nicht entschieden.

Warum die Anrufung des Europäischen Gerichtshofes

Das europäische Gericht in Straßburg wurde angerufen, da unser aller Recht auf Verteidigung bisher in allen deutschen Gerichtsinstanzen verletzt wurde: Art. 6 Verletzung des Rechts auf Verteidigung, da u.a. auch völker- und verfassungsrechtliche Fragen zu prüfen sind, anstatt nur reduziert der Sachverhalt von »Hausfriedensbruch und Sachbeschädigung«. In keinem Verfahren wurden unsere Völkerrechtsexpert*innen und Sachverständigen als Zeug*innen zugelassen, z.B. unsere Internationale Rechtsexpertin Anabel Dwyer (USA, Adjunct Professor of Human Rights and Humanitarian Law at

T. M. Cooley Law School), die die illegale Atomwaffen-Stationierung und auch illegale nukleare Teilhabe hätte belegen können, mit der wir unser Recht auf Notwehr begründen. Internationales Recht steht über unserem Gesetz und hätte in Betracht gezogen werden müssen. Unser Augenmerk liegt dabei auch auf Artikel 2 der Verletzung des Rechts auf Leben (Art. 2 EMRK). Uns ist bewusst, dass das Verfassungsgericht dafür bekannt ist, sich nicht mit rechtlichen Fragen zur Außenpolitik unserer Regierung beschäftigen zu wollen. Der Europäische Gerichtshof hat hier u.a. die Möglichkeit, die Verletzung des Rechtes auf Verteidigung anzuerkennen und das Verfahren an das deutsche Verfassungsgericht mit der Aufforderung zurückzugeben, dieses zu korrigieren. Letztendlich verteidigen wir damit das Internationale Recht, das das höchste Recht ist. Wenn wir dieses nicht täten, hätte der Europäische Gerichtshof gar nicht erst die Chance, seine Gesetze anzuwenden (zu verteidigen).

Mahnwachen hinter Gittern

Seit Mai 2022, und damit auch während der erhöhten Atomkriegsgefahr durch den Ukrainekrieg, haben drei Personen ihre Geldstrafe zu »Hausfriedensbruch« und »Sachbeschädigung« bzw. gegen die illegale Atomwaffen-Stationierung in Büchel in eine 30-tägige Ersatzfreiheitsstrafe als Mahnwachen hinter Gittern umgewandelt. Darunter die 70-jährige Ria Markein, eine Quäkerin und Mitglied im Versöhnungsbund, die ihren Gefängnisaufenthalt in der Frauen-JVA Willich (NRW) verbrachte; im Anschluss im Juli erstmalig ein Niederländer, der Amsterdamer Frits ter Kuile in der JVA Wittlich (Rheinland Pfalz), sowie Holger-Isabell Jänicke im August in der JVA Billwerder (Hamburg). Für Januar 2023 wurde jetzt erstmalig für einen US-Bürger, John LaForge von NUKEWATCH aus Wiskonsin, ein 50-tägiger Haftantritt in der JVA Hamburg-Billwerder angesetzt.

Für das kommende Jahr arbeiten Prozessierende aktuell an einer neuen Strategie, wie wir unsere Proteste stärker gemeinsam gegen die Gerichte anwenden könn(t)en. Auf unserer Webseite[3] finden sich alle teilnehmenden Friedensgruppen und Büchel-Aktionen der letzten Jahre. Im Kalender finden sich die anstehenden Aktionen und auch der Kontakt, falls Unterstützung vor Ort für Infrastruktur etc. für die zukünftige Planung von Protesten benötigt wird. Unter Prozesse finden sich dort die Verfahren und Einlassungen der Angeklagten. Prozesskosten werden immer wieder aus der Friedensbewegung und von engagierten Anwält*innen mitgetragen. Wir freuen uns jederzeit über nötige weitere Spenden auf unser Konto der GAAA. (GLS Bank mit Betreff »Prozesskosten«: DE57 4306 0967 8019 1512 00).

[3] www.buechel-atombombenfrei.de.

II. Atomwaffen-Verbotsvertrag

Mit weit über 100 Aktionen wurde am 22. Januar 2021 in Deutschland das Inkrafttreten des internationalen Atomwaffen-Verbotsvertrages gefeiert. Bis heute haben bereits 66 Staaten den Verbotsvertrag ratifiziert und 86 weitere Staaten haben ihn bisher insgesamt unterzeichnet. Zum jetzigen Zeitpunkt hat aber kein einziger Atomwaffenstaat und auch kein einziges NATO-Mitgliedsland diesen Verbotsvertrag unterzeichnet. Durch das Inkrafttreten ist der Verbotsvertrag völkerrechtlich gültig, d.h. nach internationalem Recht gelten Atomwaffen nun explizit als verboten. Allerdings sind die Bestimmungen nur für die Vertragsstaaten bindend, was aber die vertragsunterzeichnenden Staaten miteinbezieht, die den Vertrag bisher noch nicht ratifiziert haben, d.h. er gilt bereits für 86 Staaten! Der Handlungsspielraum der Atommächte wird damit immer enger. Einige Finanzinstitute haben Ethikregeln, an denen sie sich nun messen lassen müssen, falls sie Konzerne – die Atomwaffen(-teile und -trägersysteme etc.) produzieren – finanzieren. Auch dürfen laut Vertrag diese Waffen nicht mehr in den 86 Vertragsstaaten produziert werden.

Druck aus der Zivilgesellschaft

Der Druck auf unsere Regierung wird über »Lobbyarbeit von unten« durch den Städte- und Abgeordnetenappell und die Organisation der »BürgermeisterInnen für den Frieden« immer weiter ausgebaut, damit ein Beitritt Deutschlands zum Atomwaffen-Verbotsvertrag endlich erfolgen kann. Hierfür machten sich unsere Trägerkreisorganisationen gemeinsam mit ICAN stark: Unsere Forderung an unsere Regierung unterstützen bereits über 830 Bürgermeister*innen für den Frieden (Mayors for Peace – weltweit sind es über 8.170 Städte), 650 Landtags-, Bundestags- und Europa-Abgeordnete (davon 180 MdB), sowie über 137 Städte, die dem ICAN-Städteappell beigetreten sind. Damit werden 29% der Gesamtbevölkerung repräsentiert. Deutschland steht beim Städteappell weltweit auf Platz eins und steht bei der Anzahl der Mayors for Peace auf Platz drei, nach Japan und dem Iran.

Menschenkette vor der Bundestagswahl

Im Vorfeld der Bundestagswahl – Anfang September 2021 – gelang bei strahlendem Sonnenschein der Menschenketten-Lückenschluss entlang der Bundesstraße am Atomwaffenstützpunkt »Fliegerhorst Büchel«. Damit konnte ein deutliches Signal an die Parteien aus der Zivilbevölkerung gesendet werden, damit der Atomwaffen-Verbotsvertrag der Vereinten Nationen möglichst bald von Deutschland unterzeichnet wird. Angelika Claußen, europäische Präsidentin der Internationalen Sektion der IPPNW/ÄrztInnen zur

Verhütung des Atomkriegs, stellte in ihrer Kundgebungsrede die neue europäische Kampagne Nuke Free Europe,[4] die die Beendigung der Nuklearen Teilhabe der NATO zum Ziel hat, vor. Aus den europäischen Ländern der Nuklearen Teilhabe sprach für die Niederlande Guido van Leemput, er ist Mitarbeiter für Außenpolitik und Landesverteidigung der Fraktion der Sozialistischen Partei (ähnelt unserer Partei DIE LINKE), die sich bei Bike for Peace Holland engagiert. Ludo De Brabander sprach für die belgische Friedensorganisation »Vrede«, die aktuell die Proteste an der belgischen Militärbasis Kleine Brogel organisiert. Alfonso Navarra sprach als italienischer Vertreter der »disarmisti esigenti« und übermittelte einen gemeinsamen Vorschlag der italienischen Friedensgruppen für die COP26 (UN Climate Change Conference) in Glasgow. Die gesamte Kundgebung wurde in einem Livestream aufgezeichnet und die Länderberichte können in Englisch auf Youtube angeschaut werden.[5]

Hier ein Auszug aus Angelika Claussens Rede:

»Ja, die Friedensbewegung schreibt Erfolge, den Atomwaffenverbotsvertrag (AVV) haben wir, die weltweite Zivilgesellschaft, durchgesetzt im Bündnis mit den Ländern des Globalen Südens und mutigen herausragenden Politiker*innen aus Ländern in Europa, aus Österreich und aus Irland. Den Widerstand der Atomwaffenstaaten haben wir erwartet, der AVV läuft ihren Interessen ja diametral entgegen! Jetzt ist Europa dran! In Europa muss die Nukleare Teilhabe beendet werden: in Deutschland, in Belgien, in den Niederlanden und in Italien [...] Der erste Schritt dazu ist, das nukleare Dogma der NATO in Frage zu stellen, das Dogma der nuklearen Abschreckung.

Und hier kommt [ein aktuelles] Großereignis ins Spiel: Die Niederlage der Weltmacht USA in Afghanistan. Es ist jetzt glasklar deutlich, dass militärisch gestützte Sicherheitspolitik extrem zerstörerisch ist. Militär und Wettrüsten, sei es nuklear oder auch nicht nuklear, sind völlig ungeeignete Mittel, um den Herausforderungen der Menschheit in Zeiten der Klimakrise zu begegnen. Das Militär selbst ist ein Klimakiller. Wir brauchen stattdessen eine zivile Sicherheits- und Friedenspolitik, die in kooperativen Beziehungen unserer Länder die wichtigen Schritte zu einer sozial-ökologischen Transformation umsetzt. Entspannungspolitik heute, kooperative Sicherheitspolitik bedeuten drastische Abrüstungsschritte für Klimagerechtigkeit.

Nuclear-Free Europe – so haben wir unsere gemeinsame Kampagne genannt, um die Friedensbewegung und die Politik in den Dialog zu bringen, wie eine Roadmap zur Beendigung der nuklearen Teilhabe in Europa aussehen kann [...] Eine Welt frei von Atomwaffen, die Eindämmung der Kli-

---

4 www.nukefreeeurope.eu.

5 www.youtube.com/watch?v=wxFABSdzBO0.

makrise samt Klimagerechtigkeit und unser Recht auf Leben und Gesundheit – alle diese Ziele gehören zusammen! Dafür setzten wir uns gemeinsam hier in Büchel ein!«

ICAN-Forum in Wien

Im Juni 2022 fuhren insgesamt ca. 50 Friedensbewegte aus ICAN, IPPNW, Pressehütte Mutlangen, Friedensmuseum Nürnberg, Versöhnungsbund, Kampagnenrats-Sprecher*innen, Ohne Rüstung Leben und der DFG nach Wien. Das ICAN-Forum am 18. und 19. Juni 2022[6] war eine großartige Möglichkeit für Internationale Nichtregierungsorganisationen und Aktivist*innen, sich über unser ICAN-Netzwerk zu informieren und sich über unsere gemeinsame Strategie auszutauschen: 40 international organisierte Workshops mit über 100 Referent*innen (+Livestreams). Wir inspirierten uns gegenseitig mit guten Argumenten und knüpften neue Kontakte. Ich habe bei diesem ersten Treffen nach der langen Corona-Isolierung stark gespürt, wie wichtig unsere physischen Treffen sind, die die individuelle Vernetzung auch mit Einzelgesprächen ermöglichen. Dafür können Videokonferenzen kein vollständiger Ersatz sein.

Konferenz zu den humanitären Auswirkungen von Atomwaffen

Am 20. Juni 2022 haben in der 2. ICAN-Konferenz zu den »Humanitären Auswirkungen von Atomwaffen« auch viele Regierungsvertreter*innen teilgenommen. Wir hatten exzellente wissenschaftliche Präsentationen zu Klima und Atomwaffen, die uns allen den Wahnsinn diverser Atombomben-Einsatzstrategien vorführten. Die Ergebnisse der atomaren Einsatzszenarien machen deutlich, dass die nukleare Abschreckung eine Sackgasse ist. Und auch die Atomgefahren zeigen unser bisheriges Glück bei den Atomwaffen-Unfällen. Diese Gefahr vergrößert sich mit dem Einsatz von Künstlicher Intelligenz. Ich war überrascht, mit welcher Stärke dieser Wahnsinn von vielen Regierungsvertretern der Nichtatomwaffen-Staaten wahrgenommen und formuliert wurde. Trotzdem wurde der Bedarf von Atomkraftwerken (zivile Nutzung der Atomtechnologie) von vielen Nichtatomwaffen-Staaten immer wieder bekräftigt, da er von ihnen für den medizinischen Bereich gewünscht wird. Mary Olsen (USA) referierte über die Gefahren durch radioaktive Niedrigstrahlung und sprach über Gender & Radioaktivität. Als anerkannte Biologin belegte sie in Studien, dass Mädchen und Frauen ein Vielfaches mehr durch radioaktive Strahlung geschädigt werden, als Jungen und Männer.[7]

---

[6] https://vienna.icanw.org/forum.
[7] https://childrenofatomicveterans.org/.

Erste Staatenkonferenz zum Atomwaffen-Verbotsvertrag (AVV)

Die 1. MSP-Konferenz (Members of State Parties) fand direkt im Anschluss vom 21. bis 23. Juni 2022 statt. Überraschend war, dass neben dem deutschen Vertreter Botschafter Rüdiger Bohn, Beauftragter für Abrüstung, Rüstungskontrolle und Nichtverbreitung im Auswärtigen Amt, nun doch mehrere NATO-Länder mit Beobachterstatus vertreten waren: darunter die Niederlande und Belgien (zwei weitere Länder mit der »nuklearen Teilhabe in der NATO«), sowie Schweden, Norwegen, Australien und die Schweiz. Rüdiger Bohn hat in seiner Rede Russland die Schuld dafür gegeben, dass unsere Regierung dem Verbotsvertrag nicht beitreten könne.

Minister of State Parlament-Erklärung

In der MSP-Abschlusserklärung wurde Russland nicht namentlich und alleinstehend bezüglich der nuklearen Abschreckungspolitik benannt, sondern alle Atomwaffenstaaten, da sie alle auf die nukleare Abschreckung setzen und die Welt in Geiselhaft halten, da sie nicht abrüsten, sondern sogar aufrüsten. Einzelne Delegierte der NATO-Staaten mit Beobachterstatus haben diese fehlende Verurteilung Russlands mit Alleinstellungscharakter im Nachhinein stark kritisiert. Hier zeigt sich der Unterschied zur Atomwaffen-Nichtverbreitungsvertragskonferenz (NVV), in der die Atommächte ein Vetorecht haben.

Es war die Frustration von 122 Nicht-Atomwaffenstaaten gegenüber jahrzehntelangen NVV-Verhandlungen, in der die westlichen Atommächte nicht zu Abrüstungsschritten bereit waren und die Verantwortung dafür ausschließlich China, Nordkorea, Iran und Russland zuwiesen. So wurde und wird die Welt weiter unter dem nuklearen Damoklesschwert gehalten. Diese Doppelmoral bzw. dieser Doppelstandard wird durch die jetzigen Atomwaffen-Verbotsvertrags (AVV)-Verhandlungen immer offensichtlicher und für die Atomwaffenstaaten zur vermehrten Blamage, zumal immer mehr Nicht-Atomwaffenstaaten dem Verbotsvertrag beitreten. Die beobachtenden NATO-Staaten befürchten genau das und machten daher deutlich, dass sie definitiv nicht als aktive Teilnehmende der Konferenz gesehen werden wollen. Sie waren nicht freiwillig vor Ort, zum Beispiel wurde auch die niederländische Repräsentantin durch eine Abstimmung im niederländischen Parlament dazu gezwungen, bei der Staatenkonferenz zuhören zu müssen.

Als eines der ersten Ziele der AVV-Konferenz wurde erreicht: Viele Staaten, die z.B. von den humanitären Auswirkungen der Atomtests schwer getroffen sind, sollen zukünftig Gelder für einen Opferhilfefonds erhalten, woran sich auch Deutschland beteiligen möchte. Unsere Regierung kommt nicht ganz am Verbotsvertrag vorbei, ohne das Gesicht zu verlieren. Ein erstes kleines Zugeständnis, das mit dem öffentlichen Druck aus unserer Zivilgesellschaft zu tun hat.[8]

Atomwaffen-Nichtverbreitungsvertragskonferenz in New York

Ray Acheson schreibt für *reachingcriticalwill*: »Der NVV, der von den meisten Regierungen als ›Eckpfeiler‹ des nuklearen Nichtverbreitungs- und Abrüstungsregimes angesehen wird, steht vor ernsthaften Herausforderungen, die nicht nur die bevorstehende Überprüfungskonferenz, sondern den Vertrag selbst bedrohen. Im Kern geht es um die hartnäckige Weigerung der Atomwaffenstaaten, ihrer rechtlichen Verpflichtung zur Abrüstung nachzukommen. Für das Überleben des Vertrags und der Welt ist es unabdingbar, dass die Vertragsstaaten des NVV die Abschaffung der Atomwaffen erreichen.«

Vom 1. bis 26. August wurden in der UN in der ersten Woche die Berichte der einzelnen Länder vorgetragen. Am 2. August hielt Außenministerin Annalena Baerbock ihre Rede, in der sie mit keiner Silbe die Verletzungen des NVV/NPT durch Deutschland oder andere westliche Atommächte oder NATO-Staaten benannte. Kein Wort über die vertragsbrüchige nukleare Teilhabe, die laut IALANA (International Lawyers Against Nuclear Arms) gegen Art. I+II des NVV verstößt, da der Vertrag die unmittelbare sowie die mittelbare Weitergabe/Annahme der Verfügungsgewalt von Atomwaffen – also die Mitwirkung – verbieten.[9] Kein Wort über die nukleare Aufrüstung durch die geplante Neustationierung der B61-12 Atombomben aus den USA, die gegen den Art. VI (Weiterverbreitung von Atomwaffen gegenüber der Verpflichtung zur Abrüstung) verstößt. Stattdessen wurden namentlich allein China, Nordkorea, Iran und Russland von ihr verurteilt. Nachdem China einen Tag später in der Rede die Nukleare Teilhabe der NATO in Europa kritisierte (was notwendig ist, damit daraus kein Gewohnheitsrecht wird), reichte Annalena Baerbock am 4. August eine schriftliche Erwiderung in der UN Generalversammlung ein.[10] Sie erklärte darin, dass die Nukleare Teilhabe nicht gegen den Vertrag verstoße, weil (sinngemäß) die nukleare Teilhabe schon vor der Unterzeichnung des Vertrages bestanden habe. Dieser Rechtsauffassung wird allerdings von Internationalen Rechtsexpert*innen widersprochen, zumal Deutschland und die USA die »Vienna Convention on the Law of Treatys from 1969« unterzeichnet haben. Die »Wiener Konvention über die

---

[8] Die Abschlusserklärung zur Staatenkonferenz findet sich auf Englisch hier: https://documents.unoda.org/wp-content/uploads/2022/06/TPNW.MSP_.2022.CRP_.8-Draft-Declaration.pdf und der Aktionsplan der Vertragsstaaten hier: https://documents.unoda.org/wp-content/uploads/2022/06/TPNW.MSP_.2022.CRP_.7-Draft-Action-Plan-new.pdf.

[9] www.un.org/disarmament/WMD/Nuclear/NPTtext.shtml.

[10] https://reachingcriticalwill.org/images/documents/Disarmament-fora/npt/revcon2022/statements/4Aug_Germany_RoR.pdf).

Gesetze von Verträgen« behandelt die »Generellen Regeln der Interpretation von Verträgen«, die im Art. 31.1 festgelegt sind.[11]

Neben dem medienwirksamen Fotoshooting mit den drei Jugenddelegationen aus Deutschland (DFG-VK, Mutlangen und ICAN) war der einzige kleine Lichtblick in Baerbocks Rede: »ein neues Rüstungskontroll-Abkommen zu verhandeln, um den New Start-Vertrag zu ersetzen«. Das sehe ich als nicht angemessenes Verhandlungsangebot bzw. als Trippelschritt in der aktuellen Dritten-Weltkrieg-Bedrohungssituation. Laut aktueller Forsa-Umfrage wollen in Deutschland mittlerweile 77% Verhandlungen, die den Krieg beenden. Wer heutzutage Kriege in irgendeiner Weise z.B. durch Doppelstandards unterstützt, hat auch von den Gefahren des Klimawandels nichts verstanden.

NVV-Verhandlungen gescheitert

Laut offiziellen Medien soll die russische Delegation das Abschlussdokument einseitig geblockt haben, da sie dieses Dokument politisch einseitig vereinnahmt sieht. Demgegenüber haben laut der Recherche von Rae Acheson, die insgesamt zehn NPT-Review-Berichte über die NVV-Konference schrieb,[12] die westlichen Atommächte bereits bei der Erstellung des Entwurfs für das Abschlussdokument klargestellt, dass auch dieses Jahr keine Kritik an ihrer nuklearen Aufrüstung geduldet wird. So *»ruft«* das Abschlussdokument die Atomwaffenstaaten allgemein nur dazu auf, ihren Verpflichtungen nach Abrüstung etc. zukünftig nachkommen zu sollen. Es verurteilt aber nicht ihre jahrzehntelange Weigerung, den NVV-Vertrag zu erfüllen, bzw. diesen erfüllen zu *»müssen«*.

Im Gegensatz dazu wird z.B. bei den zu kritisierenden Nicht-Atomwaffenstaaten Iran und Nord-Korea eine wesentlich härtere Gangart in der Wortwahl getroffen, was sie erfüllen *»müssen«* etc. Der französische Delegierte wollte z.B. mit keinem Wort den Verbotsvertrag im Abschlussdokument erwähnt sehen. Der USA-Delegierte behauptete, dass sich ihre Atomwaffenpolitik im Einklang mit dem Völkerrecht und dem Gutachten des Internationalen Gerichtshofes befinden würde. Die Nukleare Abschreckung sei für das westliche Bündnis legal, aber nicht für die Länder China, Russland und Nordkorea etc. Alice Slater von der Nuclear Age Peace Foundation und Mitglied im Koordinierungskomitee der US-Organisation World Beyond War schrieb: »Russland und China drängen seit Jahren auf Verträge zum Verbot von Waffen im Weltraum und von Cyberwar, was die USA wiederholt ablehnen und sogar die Diskussion über den Entwurf eines Weltraumverbotsver-

---

11 https://legal.un.org/ilc/texts/instruments/english/conventions/1_1_1969.pdf.

12 https://reachingcriticalwill.org/disarmament-fora/npt/2022/.

trags blockieren, den sie 2008 und 2014 vorgeschlagen hatten. China und Russland sind nicht bereit, über die Abschaffung von Atomwaffen zu diskutieren, ohne die ›strategische Stabilität‹ zu schützen, bei der keine Nation die militärische Nutzung des Weltraums dominiert, was die USA immer wieder als ihre Politik betonen!

Unsere Friedensbewegung muss Forderungen nach Frieden im Weltraum und Cyberdiplomatie einbeziehen, wenn wir Russland und China jemals dazu bringen können, dem AVV zuzustimmen.« Das Nichtzustandekommen des Abschlussdokumentes ist zwar eine Enttäuschung, aber auch ein Zeichen für den erfolgreicheren Weg des Atomwaffen-Verbotsvertrages, der einen Aktionsplan verabschiedet hat. Die AVV-Folgekonferenz ist bereits im November 2023 in der UN in New York.

Atomenergie als Klimaretter?!

Beim Lesen des 35-seitigen NVV-Abschlussdokumentes wird deutlich, dass es sich hier eher um ein reines Werbedokument für »Atoms for Peace« durch die IAEO (Internationale Atomaufsichtsorganisation) handelt, die die Nicht-Atomwaffenstaaten auf die Rettung der Welt und des Klimas mit ziviler Atomtechnologie festnageln will. Die Hälfte der Paragrafen befassen sich damit, die Wissenschaft der Atomtechnologie auszubauen, weitere Staaten zu ermutigen, Atomtechnologie zu erwerben, sie darin umfassend zu unterstützen und vertraglich zu verpflichten und einzuschwören.

Dabei ist der Einmarsch Russlands in die Ukraine und die gefährliche Besetzung von Kernkraftwerken aktuell ein sehr deutliches Beispiel, wohin die Gefahren der Nukleartechnologie auch in Kriegen führen können. In der EU-Taxonomie wurde die Atomenergie gerade als nachhaltige Energieform aufgenommen und die IAEO spricht offen von »Mit Atomstrom gegen den Klimawandel«, bzw. die USA von kleineren mobilen Atomreaktoren. Auch wenn Deutschland sich hier vorerst bedeckt gehalten hat: Es ist Mitglied einer Gruppe von Staaten, die sich unter dem Namen »Non-Proliferation and Disarmament Initiative« zusammengeschlossen haben. Für die Vorbereitungskonferenz zur NVV (NPT PrepCom) im Jahr 2019 erarbeiteten sie ein Arbeitspapier mit dem Titel »Förderung der friedlichen Nutzung der Kerntechnik: ein Instrument zur Erreichung der Ziele für nachhaltige Entwicklung« (aus dem Engl. übersetzt).

Unsere Kampagnensprecherin, Regina Hagen, schreibt dazu: »Deutschland, das selbst den Ausstieg aus der Atomenergie beschlossen hat, reiht sich damit ein in die Zahl der Länder – darunter vieler Blockfreie, aber auch die USA und die Internationale Atomenergieorganisation (die allerdings just dafür gegründet wurde), Atomenergie und nukleare Technologien zur vermeintlich umweltfreundlichen und zukunftsweisenden Lösung für zahlreiche (Umwelt-)Probleme hochzujubeln.«[13] Dazu passt dann auch die Aussage Annalena Baerbocks beim NVV, dass das IAEO-Sicherungssystem die größte Errungenschaft im Rahmen des NVV sei und wir es deshalb stärken müssen. Parallel dazu wurden gerade die Laufzeiten der letzten drei auslaufenden AKW in Deutschland verlängert, wofür auch hier Russland die alleinige Verantwortung zugeschoben wird.

International Renewable Energy Agency IRENA

Während der NVV auf Atomenergie setzt, wurde bereits im Jahr 2009 IRENA von 75 Staaten gegründet. IRENA unterhält (zusätzlich zu Bonn) ein Büro des Ständigen Beobachters bei den Vereinigten Nationen in New York und hat ihre Zentrale in Abu Dhabi.[14] Um den weltweiten Einsatz erneuerbarer Energien zu erreichen, bekundeten die Regierungen ihr Engagement für einen Wandel des globalen Energieparadigmas. Sie entwickelten einen Fahrplan zur Verdoppelung der weltweiten Nutzung erneuerbarer Energien bis 2030. Es lohnt sich, die IRENA Webseite anzusehen (hier ein Ausschnitt): »Die Internationale Agentur für erneuerbare Energien (IRENA) ist eine zwischenstaatliche Organisation, die Länder beim Übergang zu einer nachhaltigen Energiezukunft unterstützt und als wichtigste Plattform für die internationale Zusammenarbeit, als Kompetenzzentrum und als Wissensspeicher für Politik, Technologie, Ressourcen und Finanzen im Bereich erneuerbare Energien dient. IRENA fördert die breite Einführung und nachhaltige Nutzung aller Formen erneuerbarer Energien, einschließlich Bioenergie, Geothermie, Wasserkraft, Meeres-, Solar- und Windenergie, im Hinblick auf eine nachhaltige Entwicklung, den Zugang zu Energie, Energiesicherheit sowie kohlenstoffarmes Wirtschaftswachstum und Wohlstand.«[15]

Mein Fazit: Nukleare Abrüstung geht nur gemeinsam mit allen Atommächten und ohne Atomenergie!

---

[13] http://reachingcriticalwill.org/images/documents/Disarmament-fora/npt/prepcom19/documents/WP22.pdf.

[14] www.irena.org.

[15] www.irena.org/aboutirena.

Yannick Kiesel

Rüstungsexporte – Deutschland ganz groß

Dass Waffen ein deutscher Exportschlager sind, ist hinlänglich bekannt. Daher ist das Ausmaß und Wachstum der Investitionen in Rüstungsgüter in Deutschland in den letzten Jahren keine große Überraschung. Alleine die aktuelle Ampelregierung hat laut eigenen Angaben im ersten Halbjahr 2022 Genehmigungen für den Export von Rüstungsgütern im Wert von 4,14 Mrd. Euro ausgegeben. Wenn wir uns die Vorgängerregierung ansehen, hatte diese im gleichen Zeitraum vor einem Jahr nur etwa halb so viele Ausfuhren genehmigt. Auch wenn ein Großteil der Lieferungen an EU, NATO und NATO-gleichgestellte Länder ging, ist dies kein Grund zur Freude.[1] Nach der Annexion der Krim 2014 stieg der Rüstungsetat der Bundesregierung sukzessive von über 32 Mrd. Euro auf über 50 Mrd. Euro im Jahr 2022. Dies bedeutet für Deutschland den siebtgrößten Militärhaushalt der Welt.[2]

Auch international sind die Ausfuhren an Rüstungsgütern in den letzten zehn Jahren um fast 12% gestiegen (Vergleichszeiträume: 2006–2010 und 2016–2020). Zusammen mit den USA, Russland, Frankreich und China ist Deutschland eines der fünf wichtigsten Exportländer und zusammen decken sie 76% des Marktes für Rüstungsgüter ab. Nehmen wir die Vergleichszeiträume von 2011 bis 2015 und 2016 bis 2020, dann sind Exporte deutscher Großwaffen und deren Zubehör sogar um 21% gestiegen, während sich der Gesamthandel mit Großwaffen nicht veränderte. Schlussfolgernd bedeutet dies, dass nur Deutschland seinen Marktanteil um ein Vielfaches gesteigert hat.[3]

EU-weit zeigt sich, dass nicht mehr hauptsächlich für EU-interne Zwecke produziert wird. Vor allem der Nahe Osten, allen voran die Vereinigten Arabischen Emirate (VAE) und Saudi-Arabien profitieren von europäischen Waffenlieferungen. Insgesamt gingen im Jahr 2020 über 38 Mrd. Euro teure Rüstungsgüter in den Nahen und Mittleren Osten. Mit Blick auf die teilnehmenden Staaten am Jemen-Krieg, die Missachtungen des Völkerrechts und der Menschenrechte vor Ort, sind diese Waffenlieferungen hochproblema-

---

[1] https://aufschrei-waffenhandel.de/service/nachrichten/nachricht/ruestungsexport-genehmigungen-enorm-angestiegen (zuletzt: 12.4.2023).

[2] www.greenpeace.de/publikationen/S04011-greenpeace-studie-frieden-beschaffungswesen-bundeswehr.pdf (zuletzt: 12.4.2023).

[3] GKKE (2021). Rüstungsexportbericht 2021 der GKKE. Heft 70.

tisch und verlangen strengere Rüstungsexportkontrollen für die Europäische Union.[4] Mit dabei sind ebenfalls Europas 15 größte Banken, die Rüstungsunternehmen durch Finanzdienstleistungen unterstützen, welche bekanntermaßen Waffen an Staaten mit Menschrechtsverletzungen vor Ort verkaufen oder diese sogar in Kriegs- und Krisengebiete liefern. Alleine die Deutsche Bank weist Investitionen von fast 15 Mrd. Euro aus. Die meisten davon gingen an die Unternehmen Boeing und Raytheon, die bekanntlich Tausende Bomben an Saudi-Arabien lieferten.[5] Allerdings sind auch deutsche Unternehmen beteiligt. Mit den Rüstungsfirmen Rheinmetall und Hensoldt, sowie den beiden Unternehmen KNDS und Airbus, die beide aufgrund steuerlicher und politischer Gründe in den Niederlanden gelistet sind, gibt es vier Firmen, die in den Top 100 der Rüstungsunternehmen nach Umsatz gelistet sind.[6]

Von Grundsätzen und Regelungen

In der Präambel des deutschen Grundgesetzes steht das sogenannte Friedensgebot, in dem es heißt »dem Frieden der Welt zu dienen«. Auch Artikel 26 Abs. 1 und 2 des Grundgesetzes besagt, »(1) Handlungen die geeignet sind und in der Absicht vorgenommen werden, das friedliche Zusammenleben der Völker zu stören, insbesondere die Führung eines Angriffskrieges vorzubereiten, sind verfassungswidrig. Sie sind unter Strafe zu stellen. (2) Zur Kriegführung bestimmte Waffen dürfen nur mit Genehmigung der Bundesregierung hergestellt, befördert und in Verkehr gebracht werden. Das Nähere regelt ein Bundesgesetz.«

Erst einige Jahre später, nämlich 1961, wurde das »Nähere« im Bundesgesetz festgeschrieben, mit einer kleinen Hintertür: die Unterteilung in »Kriegswaffen« und »sonstige Rüstungsgüter« (später noch »Dual-Use-Güter«). »Sonstige Rüstungsgüter« unterliegen anders als Kriegswaffen einer anderen, weniger strengen Gesetzgebung, was es den beteiligten Akteur*innen ermöglicht, einen Anspruch auf Genehmigung zu erheben. Dieser Anspruch gilt bei Kriegswaffen nicht.[7] Besonders vor dem Hintergrund der Verletzungen des Menschen- und Völkerrechts in Saudi-Arabien und den VAE behauptet die Bundesregierung, es lägen ihr » – auch mangels eigenem Zugang – keine Erkenntnisse vor, die als belastbarer Nachweis konkreter Menschenrechtsverletzungen und Kriegsverbrechen gewertet werden

---

4 Ebd.
5 Studie: High-risk arms trade and the financial sector, paxvoorvrede.nl, Juli 2022.
6 Handbuch Rüstung. Informationsstelle Militarisierung (IMI) e.V.
7 Ebd.

können«.[8] Generell legen die politischen Grundsätze der Bundesregierung fest, dass Kriegswaffenexporte in Drittländer nur »ausnahmsweise« genehmigt werden. Trotzdem wurden wertmäßig 50% der Kriegswaffenexporte in Drittstaaten zwischen 2010 und 2020 genehmigt.

Die Rüstungsexportpolitik der Vergangenheit hat gezeigt, dass zwar rechtliche Grundlagen (mit Ausnahme der politischen Grundsätze) bestehen, diese jedoch nicht juristisch relevant sind. Somit können Friedensaktivist*innen oder Organisationen nicht gegen erteilte Genehmigungen klagen, wenn sie glauben, dass die Exporte gegen bestehende Gesetze und Verträge verstoßen.

Unter dem Radar – im Schatten der Großen

Deutsche Firmen wissen ihre Beteiligung an der Rüstungsindustrie zu verschleiern, da der Fokus der Öffentlichkeit meist auf den sogenannten Systemhäusern, also den großen und bekannten Unternehmen, liegt. Zulieferer von Teilsystemen oder einzelnen Bauteilen bleiben dagegen oftmals unbekannt, und eine Verbindung kann nur bei genauerer Betrachtung festgestellt werden. Besonders bei Softwareunternehmen besteht ein schmaler Grat zwischen einer Beteiligung und der Bereitstellung ihrer Software für militärische Zwecke. Die sonstige Unterteilung in Green-IT, für militärisch genutzte Software und White-IT, für nicht-militärische Software, die aber nützlich sein könnte, ist daher überholt. Firmen der Kategorie White-IT beanspruchen für sich selbst, »friedlich« zu sein, selbst wenn sie ihre Software teilweise sehr entgegenkommend an Unternehmen mit militärischem Hintergrund angeboten haben.[9]

Hier zeigt sich, ähnlich, wie bei Kriegswaffen, die Relevanz einer klaren Deklaration bzw. einer konsequenten Abgrenzung zwischen den »Produkten«, um die Ausfuhr von Waffen und Waffensystemen stärker zu reglementieren. Die bisherige Reglementierung fußt auf einer Klassifikation der Güter, um zu beurteilen, ob Firmen tatsächlich mit Rüstungsgütern Profit erwirtschaften. Das Kriegswaffenkontrollgesetz, die Außenwirtschaftsordnung sowie das Außenwirtschaftsgesetz sind hierfür wesentlich. Hierbei wird der Begriff des »Dual Use« für Güter, deren Nutzung sowohl militärisch, als auch nicht-militärisch erfolgen kann, genutzt. International bestehen für Rüstungsgüter unterschiedliche Klassifizierungen. Mithilfe des richtigen Rechtsbeistands

---

[8] Antwort auf Frage 10, Drs. 19/18828, 22.4.2020. https://dip21.bundestag.de/dip21/btd/19/188/1918828.pdf.

[9] Handbuch Rüstung. Informationsstelle Militarisierung (IMI) e. V.

ist es daher Produzent*innen möglich, die richtigen Vorschriften und Gesetze zu nutzen, um ihre Güter wenig bis nicht eingeschränkt zu verkaufen.

100 Mrd. Euro – keine Lösung des Problems

»Extrem limitiert«,[10] »kaputtgespart«,[11] »untauglich«.[12] Mit diesen Begriffen werden die Bundeswehr und ihre Ausstattung in den letzten Jahren häufig beschrieben. Durch dieses Framing versuchen Militärangehörige, Unternehmen und auch Politiker*innen den Druck auf die Gesellschaft zu erhöhen, noch mehr in die Bundeswehr, das Militär und »unsere Sicherheit« zu investieren.

Die Geschichte der maroden und kaputtgesparten Bundeswehr trifft so allerdings nicht zu. Seit dem Jahr 2000 (24 Mrd. Euro) stieg der Militärhaushalt kontinuierlich, bis er 2022 die 50 Mrd.-Euro-Marke knackte. Eigentlich sollte die Bundeswehr ab dem Jahr 2010 kräftig einsparen (8,3 Mrd. Euro), um bis 2014 das gesetzte Sparziel der damaligen Bundesregierung zu erreichen. Diese Pläne wurden allerdings schnell verworfen und so stand einer ordentlichen Budgeterhöhung nichts im Wege.[13]

Zusätzlich zu dem bereits aufgeblähten Militärhaushalt haben unsere Politiker*innen, allen voran Olaf Scholz, den Ukraine-Krieg und die nationalen Sicherheitsbedenken genutzt, um ein Sondervermögen von 100 Mrd. Euro für die Bundeswehr zu präsentieren und freizugeben. Dieses Sondervermögen wird über eine Kreditaufnahme finanziert, um so ab 2023 die Schuldenbremse wieder einhalten zu können. Darüber hinaus soll diese Sonderinvestition im Grundgesetz verankert werden, um mögliche rechtliche Einwände zu umgehen. In das Grundgesetz, dass 1949 eigentlich eingeführt wurde, um Deutschlands als Friedensnation im Herzen Europas zu etablieren. Auch die Erreichung des 2%-Ziels der NATO steht noch aus. Auch hier hat Olaf Scholz sich dazu bekannt, die Militärausgaben jährlich in diese Richtung auszudehnen. Dies würde bedeuten, dass Deutschland jährlich nochmal über 20 Mrd. Euro mehr in den Militärhaushalt stecken würde. Eine unfassbare Zahl, wenn man bedenkt, dass im Vergleich dazu der Sanierungsstau an deutschen Schu-

[10] www.br.de/nachrichten/wirtschaft/das-ausruestungs-dilemma-der-bundeswehr-extrem-limitiert,SySjY91 (zuletzt: 31.8.22).

[11] https://deutschlandkurier.de/2022/02/kaputtgesparte-bundeswehr-altparteien-bejammern-ihr-eigenes-totalversagen/ (zuletzt: 31.8.22).

[12] www.sueddeutsche.de/politik/ausruestungsskandal-die-bundeswehr-hat-untaugliche-gewehre-1.2416765 (zuletzt: 12 4.23).

[13] Handbuch Rüstung. Informationsstelle Militarisierung (IMI) e.V.

len über 40 Mrd. Euro beträgt, dies aber bereits seit Jahren kein Problem für die Bundesregierung(en) darstellt.[14]

Bei so vielen Milliarden Euro müsste die Bundeswehr doch bestens ausgerüstet sein. Aber woher kommen die unzureichende Ausstattung, die Mängel in der Qualität der Waffen und das Image einer »aufgeblähten« Bundeswehr?

Dies hat zu einem großen Teil mit dem Beschaffungswesen der Bundeswehr zu tun. Verantwortlich für die Beschaffung der Ausrüstung ist das Bundesamt für Ausrüstung, Informationstechnik und Nutzung der Bundeswehr (BAAINBw). Mit 11.200 Beschäftigten und zwölf Standorten in Deutschland, sowie zahlreichen Außenstellen (z.B. in den USA) ist es eine der größten technischen Behörden in Europa. Ihre Aufgabe ist der Prozess der Zusammenstellung der Ausrüstung der Bundeswehr, der im Folgenden nochmals aufgeschlüsselt wird.

Militärfahrzeuge, Waffen & Co. bestehen aus zahlreichen Komponenten und Einzelteilen, die oftmals an verschiedene und individuelle Bedingungen geknüpft sind. Somit bedarf es eines Profils der Fähigkeiten, sowie einer Ausschreibung. Je nach Produkt ist dies auch international möglich. Anschließend wird ein Muster erstellt, das sich einer Tauglichkeitsprüfung unterziehen muss, bevor erste Lieferverträge abgeschlossen und Aufträge verteilt werden. In der Realität sieht dieser Prozess viel komplexer aus. Besonders die Planungs- und Entwicklungsphasen sind schwer berechenbar, dazu kommen Organisation und öffentliche Debatten, die die Planungen zusätzlich erschweren und verlangsamen.

Für den Kauf bestimmter Waffen zählt ebenfalls die Aktualität im Vergleich mit anderen Nationen im weltweiten Rüstungswettlauf. Waffensysteme entwickeln sich konstant weiter und der neueste Stand einer Technologie ist meist für die Bietenden unabdingbar. Dies gilt besonders deshalb, weil die öffentliche Kommunikation über den Kauf einer neuen Waffe bereits als Drohpotenzial für mögliche »Gegner« gilt. Und als wäre das nicht schon genug, kommt noch die Rolle der Lobbyisten hinzu. Besonders Politiker*innen als Entscheidungsträger*innen spielen eine gewichtige Rolle als Posten zwischen Militär und Industrie. Dabei ist das Detailwissen über militärische oder technologische Möglichkeiten bei Politiker*innen meist eher beschränkt. Die Informationsarbeit der Lobbyisten bzw. Herstellung von Akzeptanz spielt in dieser Hinsicht also eine tragende Rolle, vor allem, da durch diverse Entscheidungen wichtige Prozesse, Betriebsstandorte und Zeitrahmen betroffen sind.

---

14 www.br.de/nachrichten/bayern/schulen-lehrerverband-fordert-sanierungsprogramm,SmAD7Rr (zuletzt: 31.8.22).

Am Beispiel des FCAS (Future Combat Air System) zeigt sich, dass selbst eines der größten Bundesämter nicht in der Lage ist, komplexe Technologien mit einer Vielzahl an Komponenten und beteiligter Länder und Unternehmen zu handhaben. Wegen der steigenden Kosten bei FCAS versucht die Politik, weitere Länder mit ins Boot zu holen, was zu einer weiteren Verkomplizierung führt. Gleichzeitig sollen »nationale« Kompetenzen gesichert werden und Aufträge im eigenen Land verbleiben.[15]

Ein weiterer wichtiger Punkt ist die Prioritätensetzung in der Beschaffung von Ausrüstung. In den letzten Jahrzehnten wurde durch die verschiedenen Bundesregierungen versucht, den Verteidigungscharakter der Bundeswehr abzubauen und sie zu einer global agierenden Interventionsarmee umzugestalten. So besitzt die Bundeswehr im Moment kein Luftabwehrsystem (der Kauf des israelischen Abwehrsystems »Arrow-3« wird gerade forciert),[16] dafür vier Fregatten, ausgelegt auf die Bekämpfung von Piraten.[17]

Wenn man den Bericht zu Rüstungsangelegenheiten aus dem Jahr 2015 zurate zieht, zeigt sich, dass es grobe Defizite im Beschaffungswesen der Bundeswehr gibt. Die untersuchten Rüstungsgroßprojekte wiesen eine durchschnittliche Verspätung von 51 Monaten auf. Zusätzlich lagen sie insgesamt fast 13 Mrd. Euro über dem geplanten Preis. Trotz dieses desaströsen Berichts gab es in den letzten Jahren keine größeren Reformen, die eine Verbesserung in der Beschaffung erreicht hätten. Der jüngste Bericht aus 2021 geht nun von einer Verspätung von 52 Monaten und einer Steigerung der Kosten um fast 14 Mrd. Euro aus.[18] Der Friedens- und Konfliktforscher Michael Brzoska deckte in einer Studie zum Beschaffungswesen der Bundeswehr erhebliche Mängel auf, darunter eine fragliche Schwerpunktsetzung, Entwicklungsverzögerungen durch ein Beharren auf technisch anspruchsvollen Lösungen, sowie klare Defizite in der Wirtschaftlichkeit. Mehrkosten von 35% und 54% in den letzten Jahren sind die Folge. Alleine Zeitverzögerungen aufgrund von langen Beschaffungsphasen und neuen Technologiestandards haben schätzungsweise 11% Mehrkosten verursacht.[19]

Es zeigt sich also, dass es keine sinnvolle Begründung gibt, noch mehr Gelder oder »Sondervermögen« in das Militär zu investieren. Was es braucht, ist eine grundsätzliche Reform bzw. ein gänzliches Hinterfragen der Sinnhaftigkeit unserer Streitkräfte.

---

[15] Handbuch Rüstung. Informationsstelle Militarisierung (IMI) e.V.

[16] www.sueddeutsche.de/politik/raketenabwehrsysten-arrow-3-israel-bundeswehr-1.5556799 (zuletzt: 4.9.2022).

[17] Michael Brzoska (2022): It's not the money, stupid, Die Hauptprobleme im Beschaffungswesen der Bundeswehr, Hamburg.

[18] Handbuch Rüstung. Informationsstelle Militarisierung (IMI) e.V.

[19] Vgl. Michael Brzoska (2022).

Auf Kosten von Umwelt, Frieden und sozialer Gerechtigkeit

Der Sonderhaushalt von 100 Mrd. Euro für die Bundeswehr hat in Deutschland große Diskussionen ausgelöst. Viel wurde gerätselt, woher das Geld denn kommen soll bzw. wo es fehlen könnte. Eines ist klar: Ohne gegenwärtige bzw. zukünftige Einsparungen wird diese »Investition« nicht zu bezahlen sein. Viele befürchten, dass die Ausgaben zulasten des Umweltschutzes, der Friedenssicherung und der sozialen Gerechtigkeit gehen werden. Alleine, dass diese Milliarden in die Profitstatistik großer Rüstungsunternehmen fließen werden und somit der Gesellschaft abhandenkommen, zeigt, dass es ein Umdenken in der Sicherheitsdebatte braucht.

Verglichen mit dem Jahresetat der Bundeswehr, entsprechen die 100 Mrd. Euro einer Verdopplung und insgesamt 5% der gesamten Militärausgaben weltweit. Laut dem Friedens- und Konfliktforscher Michael Brzoska wäre es der Bundeswehr möglich, 26 bis 35 Mrd. Euro im Beschaffungswesen einzusparen. Somit wäre dieser Teil der 100 Mrd. Euro zurzeit im Prinzip verschenkt.[20] Zum Vergleich: Dies entspricht ungefähr der Durchführung eines deutschlandweiten Neun-Euro-ÖPNV-Tickets für drei Jahre. Wenn wir die jährlichen Ausgaben für Rüstungsgüter mit den Investitionen in Frieden, Umwelt und Soziales vergleichen, wirkt die Diskrepanz riesig. Ein Eurofighter kostet im Schnitt 145 Mio. Euro. Dies entspricht fast dreimal so viel wie die jährlichen Ausgaben der Bundesregierung für den zivilen Friedensdienst. Für den Preis eines Schützenpanzers Puma (15 Mio. Euro) könnten 7.200 monatliche Pflegeplätze in Deutschland finanziert werden.[21]

Auch die Auswirkungen auf die Umwelt haben dem Militär nicht umsonst den Spitznamen »Klimakiller Nr. 1« gebracht, und dies, obwohl das Militär in der Emissionsstatistik der Bundesregierung nur unzureichend auftaucht. Auslandseinsätze oder zivile Flüge von Bundeswehrangehörigen werden beispielsweise überhaupt nicht in der Statistik erfasst. Das Übermitteln der Militäremissionen wurde auch im Pariser Klimaabkommen als freiwillig festgehalten. Geschätzt sind die weltweiten Armeen für 5 bis 6% der Treibhausgasemissionen verantwortlich.[22] Vor dem Hintergrund der anhaltenden Krisen bei Energiekosten, Klima und sozialer Gerechtigkeit, ist es unumgänglich, das derzeitige System der Militärmaschinerie zu hinterfragen und auf klare Reformen und Verpflichtungen zu drängen. Dies beinhaltet die vollkommene Offenlegung der Treibhausgasemissionen des deutschen Militärs,

---

[20] Ebd.

[21] Handbuch Rüstung. Informationsstelle Militarisierung (IMI) e.V.

[22] Parkinson, Stuart (2020): The carbon boot-print of the military. Responsible Science, no.2, Winter 2020.

der gesellschaftlichen Folgekosten einer Umverteilung hin zu mehr Aufrüstung und der Einsparungsziele der Bundesregierung für die kommenden Jahre für die verschiedenen Sektoren.

Die Notwendigkeit eines Rüstungsexportkontrollgesetzes

Es ist klar, dass die bisherigen Regelungen und Beschlüsse bei den Militärausgaben und den Rüstungsexporten mangelhaft sind. Deshalb besteht seit mehreren Jahren bereits die Forderung nach einem Rüstungsexportkontrollgesetz. Hierbei müssen zentrale Lücken in der Gesetzgebung geschlossen werden, die es Unternehmen erlauben, über Tochterfirmen im Ausland unkontrolliert ihre Waren auszuführen. Zusätzlich muss es eine Stärkung der Kontrollen vor Ort geben, sowie eine Möglichkeit, den Endverbleib der Waffenlieferungen zu bestimmen. Ein wichtiger und notwendiger Schritt, auch um die Zivilgesellschaft wieder miteinzubeziehen und Vertrauen aufzubauen, ist eine Transparenzpflicht, sowie ein Verbandsklagerecht, das es Verbänden ermöglicht, gegen Ausfuhrentscheidungen von Rüstungsexporten zu klagen und Einfluss auf die Entscheidungen zu nehmen.

Woran es scheitern könnte, wird in den Verhandlungen des internationalen Waffenhandelsvertrages (ATT) sichtbar. Einer der Vorschläge des Vorsitzenden aus Sierra Leone ist, dass Staaten nach dem erfolgten Export weiterhin in Kooperation verbleiben. Hier zeigt sich allerdings bereits die geringe Bereitschaft der Staaten, dies wirklich zu tun und zudem einer jährlichen Berichtspflicht nachzukommen.[23]

Darüber hinaus müssen hier und jetzt erste Verpflichtungen bei der Zusammenarbeit mit Exporteuren und Importeuren geschaffen und eingehalten werden. Dazu zählen keine Rüstungsexporte für Kriegsparteien oder Embargobrecher, keine Genehmigungen von Leichtwaffen an Drittstaaten, ein Vetorecht bei Gemeinschaftsprojekten, sowie eine stärkere Rüstungsexportkontrolle innerhalb der Europäischen Union. Über all dem steht zusätzlich eine Verantwortungspflicht für Rüstungsunternehmen. Diese müssen für ihre Ausfuhren mit Drittstaaten einer schärferen Risikokontrolle unterzogen werden bzw. darauf verzichten, mit Staaten Geld zu verdienen, die gegen die internationalen Menschenrechte oder das humanitäre Völkerrecht verstoßen. Diese Vorschläge bieten schnelle Möglichkeiten, Rüstungsexporte stärker zu kontrollieren und mehr Transparenz zu schaffen.

Ein wichtiger Schritt in diese Richtung sind die Strafverfahren gegen Heckler & Koch und Sig Sauer aufgrund illegaler Kleinwaffenexporte nach Me-

---

[23] GKKE (2021). Rüstungsexportbericht 2021 der GKKE. Heft 70.

xiko und Kolumbien. Die zwei wegweisenden Urteile setzen die Aktion der beiden Unternehmen laut §§ 73ff. StGB mit organisierter Kriminalität gleich, und sie müssen somit ihren erzielten Bruttoumsatz aus den Geschäften als Strafe zurückzahlen.[24]

Fakt ist: Eine große Mehrheit der Bevölkerung in Deutschland lehnt Rüstungsexporte in Kriegs- und Krisengebiete ab. Es ist in der Verantwortung der Politik, dies umzusetzen, die Gesetzeslücken zu schließen und den Markt dementsprechend zu regulieren und zu kontrollieren. Ob dies in den nächsten Jahren passieren wird, bleibt mit Blick auf die dargelegten Fakten allerdings mehr als zweifelhaft. Es sind daher noch viele Schritte zu gehen auf dem Weg für das langfristige Ziel der Rüstungsexportverbote und einer nachhaltigen weltweiten Abrüstung.

[24] Ebd.

Jörg Tetzner/Lore Nareyek/Barbara Majd Amin

Erziehung zum Frieden gegen Kriegspropaganda?

Die Schule von heute und morgen antimilitaristisch gedacht

Eine 11-Jährige sagt beim Nachmittagsgrill: »Der Putin holt sich ein Land nach dem anderen.« In der Schule sollen in der großen Pause alle zum Foto mit der Ukraine-Flagge kommen. Die Raumnummern werden ab jetzt in den ukrainischen Nationalfarben geschrieben. Franziska aus der 8. Klasse will der Ukraine mehr Waffen liefern, damit die sich verteidigen kann. An einer russischen Schule in Berlin wird der Eingang zur Sporthalle in Brand gesteckt. Auf dem Platz vor dem Schuleingang steht mit Kreide »Tod den Russen«. Jugendoffiziere der Bundeswehr erklären den Schüler*innen von Oberstufenzentren die Notwendigkeit von Waffenlieferungen ins Kriegsgebiet Ukraine. Lehrkräfte erklären Selenskyj in seinem Kaki-Hemd zum Helden. Schüler*innen fordern die Hinrichtung Putins.

Das ist im Moment unsere Realität an deutschen Schulen. Wer darauf hinweist, dass der Krieg von 2022 eine Vorgeschichte hat, dass NATO-Staaten an dem Konflikt einen erheblichen Anteil haben, dass auf Geheiß der ukrainischen Regierungen seit 2014 rechtsradikale bewaffnete Formationen unzählige Massaker an der ukrainischen Bevölkerung begangen haben, dass die deutschen Leitmedien ein völlig einseitiges Bild des Konflikts verbreiten, der gerät schnell unter Verdacht, die russische Invasion zu rechtfertigen. Und das hat inzwischen etwas von einem Straftatbestand.

Kampf gegen Absurditäten und um Selbstverständliches

Als friedensbewegte Pädagog*innen stehen wir im Moment vor gewaltigen Aufgaben. Dabei kämpfen wir um Selbstverständliches. Im Berliner Schulgesetz § 1 heißt es, dass wir Persönlichkeiten heranbilden, »welche fähig sind, der Ideologie des Nationalsozialismus und allen anderen zur Gewaltherrschaft strebenden politischen Lehren entschieden entgegenzutreten«. Weiter: »und ihre Haltung muss bestimmt werden von der Anerkennung der Gleichberechtigung aller Menschen, von der Achtung vor jeder ehrlichen Überzeugung und von der Anerkennung der Notwendigkeit einer fortschrittlichen Gestaltung der gesellschaftlichen Verhältnisse sowie einer friedlichen Verständigung der Völker«.

Das historische Bewusstsein muss klar sein

Da sollte Militarismus keinen Platz haben und schon gar nicht Traditionen, die an Wehrmacht oder Heere der Kaiserzeit anknüpfen. Vor diesem Hintergrund fällt mindestens in den Jahren seit dem Sturz der gewählten Regierung in der Ukraine 2014 auf, dass die deutsche Außenpolitik und die deutschen Medien sich nicht von Kollaborateuren eben dieser Wehrmacht und der SS distanzieren. Die Verherrlichung des ukrainischen Kollaborateurs und Kriegsverbrechers Stepan Bandera und der SS-Divisionen Galizien und Nachtigall in der Ukraine wird in Deutschland nicht thematisiert, schon gar nicht kritisiert. Dasselbe trifft auf die lettischen SS-Divisionen zu (z.B. 15. und 19. Waffen-Grenadier-Divisionen der SS), deren rüstige Altkader regelmäßig in Riga Parade laufen. Gegen die Blockade und Zerstörung des sowjetischen Ehrenmales für die Befreiung vom Hitlerfaschismus in Riga/Lettland hat die deutsche Politik und Medienlandschaft auch nichts. Ebenso verhält es sich mit der Zerstörung der Denkmäler für die Befreiung vom Faschismus in estnischen Städten (z.B. in Narwa). Die Forderungen ukrainischer Diplomaten, derartige geschichtsrevisionistische Inhalte der aktuellen ukrainischen Lehrpläne für die geflüchteten ukrainischen Kinder in Deutschland zu übernehmen, bleiben unwidersprochen (z.B. Generalkonsulin in Hamburg Irina Tybinka vom 22.3.22).

Trend zur Militarisierung stoppen und umkehren

Wir müssen immer wieder feststellen, dass es an den Schulen, an den Bildungseinrichtungen generell einen Trend zur Militarisierung gibt, der schon eine Weile anhält. Dieser Trend wurde auch lange vor der Ukraine-Krise noch mal verschärft durch die Aussetzung der Wehrpflicht. Die Bundeswehr hat dadurch ein riesiges Nachwuchsproblem bekommen. Das ist zunächst gut, hat aber die Bundeswehr in eine gewisse Panik versetzt. Wo kriegen sie jetzt die Leute her, die sie dann z.B. in die Auslandseinsätze schicken? Dadurch ist auch ihre Werbestrategie sehr aggressiv geworden und sie organisiert jetzt Aktionen, die sie sich früher nicht getraut hätte.

Soldat*innen gehen in Kindergärten, machen Lampionumzüge, Jugendoffiziere gehen an Schulen, »Karriereberater« gehen auf die Bildungs- und Berufsorientierungsmessen. Als Zivilgesellschaft muss man dem etwas entgegensetzen und wir protestieren gegen die Anwesenheit von Soldat*innen an Bildungseinrichtungen und bei Messen zur Berufsbildung. Zur Bundeswehr zu gehen ist keine Karriere, sondern man muss bereit sein, zu töten und zu sterben. Die Risiken, durch den Dienst an der Waffe auch an Unfällen zu sterben, werden von den »Karriereberatern« verschwiegen, ebenso die erhöhte Häufigkeit von Suiziden.

Die AG Frieden der GEW Berlin verurteilt scharf das Anwerben von Minderjährigen durch die Bundeswehr. Das tut auch die UNO im Sinne des Schutzes der Rechte von Kindern und Jugendlichen. Die Bundeswehr rekrutiert jedes Jahr im vierstelligen Bereich Minderjährige, und verletzt dadurch das Recht auf körperliche Unversehrtheit, aber auch das Recht auf Leben im Frieden und freie Entfaltung der Persönlichkeit. Wir verurteilen genauso die Organisation von »Abenteuercamps« für Jugendliche mit Bundeswehrbezug, ebenso, dass Kinder an Waffen gelassen werden, dass Schießübungen für Jugendliche stattfinden, Kinder durch »freundliche« Soldaten in den Panzer gehoben werden, oder dass die Bundeswehr für sich in kostenlosen Schulkalendern wirbt.

Als AG Frieden begrüßen wir die an einigen Schulen gefassten Unvereinbarkeitsbeschlüsse mit der Bundeswehr. Das kann die Gesamtkonferenz der Schule beschließen und sollte sie auch, wie zum Beispiel an der Robert-Blum-Schule in Tempelhof-Schöneberg oder an der Fritz-Karsen-Schule in Neukölln bereits geschehen. Die AG Frieden der GEW Berlin stellt hier Mustertexte zur Verfügung.

Als Friedensbewegte fordern wir nicht nur ein, was die rechtlichen Bestimmungen aus dem Berliner Schulgesetz vorgeben. Wir sind vor allem der Überzeugung, dass Frieden und Völkerverständigung unbedingte Voraussetzungen für unser aller Überleben sind.

Der Krieg in der Ukraine und wie antimilitaristische Debatten an Schulen geführt werden müssen

Diesem friedenspolitischen Impetus wurde mit dem Krieg in der Ukraine ein schwerer Schlag versetzt. Ein Schlag, der einerseits sehr weitreichend und komplex, aber andererseits auch subtil ist. Unter dem anschlussfähigen Slogan »Frieden für die Ukraine« wird von großen Teilen der deutschen Medien und Politik versucht, in der Bevölkerung Deutschlands eine Kriegs- und Opferbereitschaft herzustellen.

Schulen sind Spiegel der Gesellschaft, und so ist die neue Krieg-Friedens-Rhetorik mit voller Wucht dort angekommen. Kinder debattieren, ob man nicht der Ukraine noch schneller noch schwerere Waffen liefern sollte, ob man eigentlich zu viel Angst vor einem Atomkrieg hat, und dass »wir« nun auch Opfer bringen müssten. Die politisch Verantwortlichen in etlichen Bundesländern geben den Schulen den Ratschlag, diese Debatten doch von Offizieren der Bundeswehr anleiten zu lassen. Das ist aktuell nach der Corona-Krise der zweite Versuch der Politik, noch mehr Soldat*innen in die Schulen zu bringen.

In Corona-Zeiten sollten Soldaten in den Sekretariaten und beim Testen auf mögliche Infektionen »helfen«. Jetzt sollen militärische Akteure in der Bildungsarbeit implementiert werden. Soldat*innen haben aber keinen Bildungsauftrag. Und worin sollte der auch bestehen? Werben fürs Sterben? Die Bundeswehr ist zudem über die militärischen Strukturen der NATO, durch ihre Waffenlieferungen, durch Ausbilder und durch ihre Präsenz an der russischen Grenze in Litauen so gut wie Kriegspartei. Eine allseitige und ausgewogene Debatte an Schulen ist nicht durch Soldat*innen, sondern nur durch Pädagog*innen zu organisieren. Als pädagogisch Beschäftigte lehnen wir jeden Krieg ab. Einseitige Parteinahme ist zu vermeiden. Gewerkschaftliche Orientierung, Vernetzung und Abstimmung unter den Kolleg*innen ist hier besonders wichtig.

Auf dieser Grundlage arbeitet auch die AG Frieden der GEW-Berlin, und so ist der Beschluss der GEW-Bund auf der letzten Delegiertenkonferenz zu verstehen, der den Ukraine-Krieg verurteilte, gleichzeitig aber auch die geplante Aufrüstung Deutschlands kritisiert. Wer einen Krieg beenden will, muss seine Ursachen verstehen. Wer einen Krieg verhindern oder beenden will, muss Verhandlungen fordern. Die schulische Debatte zur Ukraine-Krise muss sich auch kritisch mit den Medien auseinandersetzen, die teilweise deutlich eine Kriegsbeteiligung Deutschlands herbeireden.

Leider ist zu beobachten, dass oft die politischen Repräsentanten im Einklang mit den Medien eine Personifizierung des Krieges vornehmen, indem sie von »Putins Krieg« reden und so die politischen und ökonomischen Interessen, auch die eigenen, verschleiern. Das geschieht gemäß den »10 Grundsätzen der Kriegspropaganda« von Lord Arthur Ponsonby, »Nr. 3 Der Führer des Gegners ist ein Teufel« (verfasst nach dem Ersten Weltkrieg).

Im Prinzip brauchen wir eine fachübergreifende Analyse in allen relevanten Fächern, die die verschiedenen Aspekte des Krieges für Schüler*innen nachvollziehbar macht. Dazu gehören auch die Naturwissenschaften, indem zum Beispiel die verheerende Vernichtungskraft von Atomwaffen dargestellt wird.

Krieg beenden – Ursachen verstehen

Eigentlich beginnt dieser unsägliche, heiße Krieg in der Ukraine schon 2014. Die gewählte Regierung, die sich nicht ausschließlich für die EU und damit gegen Russland entscheiden wollte, wurde mit amerikanischer Hilfe weggeputscht. Laut der US-amerikanischen Außenpolitikerin Victoria Nuland (bekannt durch ihren Spruch: »Fuck the EU«, als Deutschland W. Klitschko als Präsidenten installieren wollte), sollten nicht fünf Mrd. US-Dollar vergeblich investiert sein.

Nach dem Putsch wurde bis heute alles Russische – von Sprache, Kultur, Zeitungen, Fernsehkanäle und Parteien – verboten, faschistischen Elementen wie der Asow-Bewegung wurde freies Spiel gelassen. Diese tyrannisierte im Osten und Süden, aber auch in Kiew die Bevölkerung, die den neuen rechtsradikalen Kurs nicht mittragen wollte. In Odessa wurden am 2. Mai 2014 in einem Pogrom über 100 Menschen im Gewerkschaftshaus bei lebendigem Leib verbrannt. Am 9. Mai desselben Jahres schossen Angehörige des Asow-Bataillons auf Menschen, die den Tag des Sieges über den Hitler-Faschismus feiern wollten. Auch hier gab es etliche Tote.

Der mit Standing Ovations im Bundestag gefeierte damalige ukrainische Botschafter Andrij Melnyk erklärte den Nazi-Kollaborateur Bandera zum Helden, der die zig-tausend Morde an Juden und Polen mitorganisiert hatte. Bandera wurden in der Ukraine viele neue Denkmäler errichtet.

Dass diesen Kurs die überwiegend russischsprachige Bevölkerung besonders im Osten und Süden der Ukraine nicht mitmachen wollte, war absehbar. Sie forderten nun eine Föderalisierung des Landes. Es folgte ein interner Krieg, der bis 2022 ca. 14.000 Opfer und Zerstörungen großen Ausmaßes forderte. Unter den Opfern waren Hunderte Kinder, von denen jedem einzelnen in Donezk und Lugansk auf der »Allee der Engel« Mahnmale gesetzt wurden und leider weiter gesetzt werden, weil der Artilleriebeschuss bis heute anhält. Einen internationalen Aufschrei aus der westlichen Wertegemeinschaft gab es darum nicht.

Um viele internationale Abkommen (Minsk I und II z.B.) kümmerte sich die Regierung in Kiew nicht, sondern ließ die Armee bzw. rechtsradikale Militäreinheiten die Wohngebiete im Osten weiter beschießen. Die rechtsradikalen, neofaschistischen und kriminellen Bataillone waren übrigens deswegen vonnöten, weil die reguläre ukrainische Armee sich 2014 zunächst weigerte, auf Zivilisten zu schießen und mit ihren Panzern wieder nach Hause fuhr. Diese Bataillone wurden später in die ukrainische Armee regulär eingegliedert. Anfänglich waren sie von Oligarchen wie Igor Kolomojskyj finanziert, der auch den Wahlkampf von Wolodymyr Selenskyj finanziert hat.

Dies kann sicher keine Rechtfertigung für Russland sein, am 24. Februar 2022 in die Ukraine einzumarschieren und einen Krieg mit unabsehbaren Folgen zu beginnen. Im Gegenteil. Letztlich geht es weniger um die Ukraine, die hier nur tragisches Opfer einer internationalen Konkurrenz um wirtschaftliche Einflusssphären wird. Das ist keine Zeitenwende, sondern laut US-Präsidenten-Berater Brzezinski ein seit den 1950er-Jahren bis heute verfolgter Plan, Russland zu schwächen und mit Europa zu entzweien. Man muss auch zur Kenntnis nehmen, dass die NATO nach dem freiwilligen russischen Rückzug der 1990er-Jahre von über 1.000 km nach Osten immer weiter an die russische Grenze herangerückt ist. Zudem kooperieren die USA und andere NATO-Staaten militärisch eng mit ehemaligen Sowjetrepubliken wie Moldawien, Georgien und eben der Ukraine oder hat sie gleich ganz ins Bündnis aufgenommen (Litauen, Lettland, Estland).

Es besteht weiterhin hohe Kriegsgefahr und ein Atomkrieg droht.

Antimilitaristische pädagogische Arbeit

Was bedeutet das nun für unsere pädagogische Arbeit und an welcher Stelle müssen wir auf unsere Regierung einwirken?

Für die antimilitaristische Arbeit ist es wichtig, Kriegen keine unterschiedliche Wertigkeit zu geben. Es gibt auf der Welt viele Kriege und bewaffnete Auseinandersetzungen. Leidtragende sind immer die Menschen, die dort leben und die nicht gefragt werden, ob der Waffengang richtig ist oder falsch. Was in der Ukraine falsch ist, kann im Jemen, in Palästina, in Libyen oder in der Türkei nicht richtig sein. So müssten die Kriegsgegner an den Schulen und öffentlichen Gebäuden viele Flaggen aufhängen. Es geht auch nie um sogenannte Werte, sondern immer um wirtschaftliche und machtpolitische Interessen.

In diesem Zusammenhang muss auch darauf hingewiesen werden, dass die Auslandseinsätze der Bundeswehr genau solchen Zielen folgen und abzulehnen sind. Am Horn von Afrika Piraten zu jagen, sichert deutsche Handelswege. Dazu hat niemand in Afrika die Bundeswehr bevollmächtigt. Die anderen Einsätze, an denen die Bundeswehr beteiligt ist oder war, sehen ähnlich düster und erfolglos aus. Der ehemalige afghanische Präsident Hamid Karzai hat oft gesagt, ihm wäre lieber, dass die ausländischen Truppen nicht im Land wären. Das irakische Parlament hat alle ausländischen Truppen inklusive Bundeswehr aufgefordert, das Land zu verlassen. Ebenso tat es die Regierung in Mali. Die Bundeswehr hat sich trotzdem weiter selbst eingeladen, zu bleiben – bis zu einem Ende mit Schrecken wie in Afghanistan.

Antimilitaristische Arbeit heißt auch, auf die volkswirtschaftlichen Folgen des NATO-Engagements der Bundesrepublik hinzuweisen. Schon lange vor der Ukraine-Krise arbeiteten die verschiedenen Bundesregierungen an einer stetigen Aufrüstung. 50 Mrd. Euro für die Bundeswehr, 2% vom Bruttoinlandsprodukt fürs Militär – das sind die Summen, die uns im sozialen Bereich fehlen. Bei zerfallenden Schulgebäuden, Personal- und Ausbildungsnotstand, privatisierter und mangelhafter Schulreinigung, Pflegenotstand und Überlastung in den Krankenhäusern hilft uns die Regierung

Scholz jetzt noch über ein 100 Mrd. Euro schweres Aufrüstungspaket. Das wird zusätzlich zu den anderen Wahnsinnskosten am Haushalt vorbei in das Grundgesetz geschrieben, damit das niemand mehr ändern kann. Der Krieg in der Ukraine dient hier als Begründung. Das ist lächerlich. Denn der russische Einmarsch hätte mit deutscher Aufrüstung überhaupt nicht verhindert werden können.

Die Ressourcenverschwendung für Rüstung wird vor allem die Bevölkerung Deutschlands und der anderen NATO-Staaten bezahlen. Dazu kommen noch die antirussischen Sanktionen, welche in erster Linie den EU-Ländern schaden. Die Bevölkerung zahlt für die Energiekrise, die im Wesentlichen die deutsche Regierung mit ihrem Sanktionskurs verursacht hat.

Dreiviertel aller Staaten der Welt beteiligen sich nicht an den Sanktionen gegen Russland, weil die entsprechenden Länder den Standpunkt der NATO zu diesem Krieg nicht teilen. Zu gut erinnert sich die Welt an die völkerrechtswidrig geführten Kriege der NATO in Jugoslawien, Irak, Libyen, die als humanitäre Interventionen oder Kampf gegen den Terror deklariert wurden. Insofern kann die Russische Föderation nicht isoliert werden, aber Westeuropa verliert einen billigen Rohstofflieferanten und seine Absatzmärkte.

Die deutsche Politik diskutiert lieber über ein illusorisches Wiederaufbauprogramm für die Ukraine, das wieder einigen Wenigen große Profite verschafft, als über die Perspektive und Versorgung der Millionen Geflüchteten eines laufenden Krieges. Letztlich sind sie es, die mit ihren Kindern am stärksten unter diesem Krieg zu leiden haben, was auch wir in den Schulen auffangen müssen.

Folgen des Militarismus für die Bevölkerung aufzeigen

Besonders Deutschland ist von diesem erratischen Konzept stark betroffen. Hohe Flüchtlingszahlen, eine wachsende Inflation sowie steigende Lebenshaltungskosten, kein Geld für soziale oder Bildungsausgaben bei gleichzeitigen hohen Extraprofiten der Energieriesen und der Rüstungsindustrie werden begründet mit notwendigen Opfern. Die Sanktionen für einen Krieg, der durch Aufrüstung und Waffenlieferungen verlängert wird, treffen also massiv die eigene Bevölkerung, z.B. mit extremen Preisen für Energie, Sonnenblumenöl oder dem Weizen fürs tägliche Brot.

Bei allem wird in der Öffentlichkeit für die politisch debattierenden Schüler*innen und nicht nur für diese die Gefahr eines Atomkrieges verschleiert. Vielen ist nicht bewusst, dass Ziele in Deutschland innerhalb von wenigen Minuten ausgelöscht werden können, und Deutschland langfristig durch einen Atomschlag unbewohnbar wird. Russische Hyperschallraketen erreichen unser Staatsgebiet von Kaliningrad aus in fünf oder sieben Minuten.

Also muss in die Öffentlichkeit die Gefahr gerückt werden, dass der Ukrainekrieg auf deutsches Gebiet übergreifen kann, weil einerseits die Bundesregierung aus russischer Sicht durch Militärhilfe für die Ukraine Deutschland zur feindlichen Kriegspartei gemacht hat, und vor allem 2023 die USA die Stationierung neuer Mittelstreckenwaffen vom Typ Dark Eagle in Europa vorbereiten, nach den bisherigen Anzeichen in Deutschland als Brückenkopf. Mit zehn Minuten Flugzeit bedrohen diese treffgenauen, nicht abwehrbaren Hyperschallraketen die russische Regierung mit einem Vernichtungsschlag, sodass diese bereits 2021 eine militärische Gegenmaßnahme für den Fall der Stationierung angekündigt hatte. Überhaupt macht die »atomare Teilhabe« Deutschland zum Ziel von Präventiv- oder Gegenschlägen.

Deswegen organisiert die Friedensbewegung auch mit Berliner Kolleg*innen die Proteste vor der Luftwaffenbasis in Büchel, wo die amerikanischen Atomwaffen gelagert sind. Deutsche Piloten dürfen diese zwar ins Ziel tragen, entscheiden werden aber die US-Offiziere auf Befehl des amerikanischen Präsidenten. Kommt also die russische Regierung zu dem Eindruck, es droht ein Enthauptungsschlag auf Moskau, würden sie wahrscheinlich die US-Kommandozentralen in Deutschland mit bunkerbrechenden Atomwaffen angreifen. Davor können die Menschen in diesem Land nur geschützt werden, indem Deutschland die atomare Teilhabe aufgibt und den Atomwaffenverbotsvertrag unterschreibt. Viele andere Staaten haben das getan und auch hierzulande muss die Friedensbewegung dieses Thema immer wieder auf die Tagesordnung setzen, und die Pädagogen das den Schüler*innen nahebringen. Die Politik denkt im Moment gefährlicherweise nicht in diese Richtung.

Fazit: Was ist zu tun?

Kurz gefasst droht also im schlimmsten Fall durch die Handlungen der amtierenden Bundesregierung die wirtschaftliche Zerstörung Deutschlands, gefolgt von der physischen Zerstörung. Darüber hinaus wachsen die globalen Konflikte. Hier heißt »America first« gegen China zu ziehen, dort wird nicht nur die Rhetorik aggressiver, sondern auch das Säbelrasseln.

Im Sinne der Forderung des Schulgesetzes muss auf Verhandlungen statt Krieg, auf wirtschaftliche Zusammenarbeit statt Sanktionen, auf Völkerverständigung statt Russophobie gesetzt werden. Es geht weder um Putin, Selenskyj oder Biden. Es geht um eine internationale Friedensordnung, die Flucht, Vertreibung, Hunger, Aufrüstung und Säbelrasseln überflüssig macht. In der Ukraine, im Jemen, in Mali, Afghanistan, Syrien, Palästina und der Türkei – weltweit.

»Wir brauchen Soldaten als Kämpfer und Krieger, müssen das Kriegshandwerk wieder erlernen«, sagte der Potsdamer Militärhistoriker Prof. Sönke Neitzel 2016 in einem Interview. Dazu können wir als Gewerkschaft nur entschieden »NEIN« sagen. Wir brauchen junge Leute, die für Frieden und gesellschaftlichen Fortschritt eintreten, die unsere Welt und Umwelt friedlich und nachhaltig, solidarisch und menschenfreundlich gestalten!

Welcher Frieden?

Walter Baier

Den Frieden gewinnen, nicht den Krieg!

Die Aggression der Russischen Föderation ist ein krimineller Akt, ein Bruch des Völkerrechts und der UN-Charta, der als solcher von der UN-Generalversammlung verurteilt wurde.

Der Krieg ist eine Tragödie, in erster Linie für das ukrainische Volk, aber auch für das russische, das für das Abenteurertum seiner politischen Führung einen hohen Preis bezahlt. Er ist es auch für die Nachbarländer und ganz Europa. Der Krieg ist, wie der Papst in seiner ersten Stellungnahme gesagt hat, eine Kapitulation der Politik. Dass die jahrelang vorbereiteten Anträge Finnlands und Schwedens auf NATO-Mitgliedschaft ohne öffentliche Diskussion und nennenswerten politischen Widerstand die Parlamente ihrer Länder passieren konnten, zeigt wie das Ja der Dän*innen beim Referendum über die Teilnahme an der Gemeinsamen Sicherheits- und Verteidigungspolitik der EU, dass der Krieg den Diskurs in Richtung Militarisierung und Konfrontation verschoben hat.

Am 22. September 2022 erklärte UN-Generalsekretär António Guterres vor dem Sicherheitsrat der Vereinten Nationen: »Der sinnlose Krieg hat unbegrenztes Zerstörungspotenzial in der Ukraine und auf der Welt. Die Idee eines atomaren Konflikts, früher undenkbar wurde ein Gegenstand der Debatte.«[1] Tatsächlich, der Krieg hat eine Eskalationsspirale in Gang gesetzt, die Europa und die Welt in das Inferno einer nuklearen Katastrophe zu stürzen droht.

Der österreichische Schriftsteller und Moralist Karl Kraus hat in seinem Drama »Die letzten Tage der Menschheit« vorgeführt, wie im Krieg Anstand und intellektuelle Redlichkeit am Chauvinismus und dem Kult der Gewalt zugrunde gehen. 300 bis 500 Soldaten fallen täglich an der Front, bekannte der ukrainische Präsident Selenskyj. Fünf Kinder sterben pro Tag im Hagel der Raketen und Granaten, 14 Mio. Menschen befinden sich auf der Flucht, berichtete der UN-Generalsekretär. Tausende junge russische Männer, die versuchen, dem Dienst in einem ungerechten Krieg zu entkommen, wurden an den Grenzen eingefangen. Angesichts des Elends ist es zu wenig, die Schuldigen zu denunzieren, und teilnahmslos darüber zu debattieren, wer in welchem Ausmaß Mitverantwortung für das Desaster trägt. Wenn

---

[1] António Guterres: Secretary-General's remarks to the Security Council on Ukraine, Ukraine, www.un.org/sg/en/content/sg/speeches/2022-09-22/secretary-generals-remarks-the-security-council-ukraine (zuletzt: 12.4.2023).

wir als Sozialist*innen, Kommunist*innen und Linke das Leid der Menschen zum Ausgangspunkt nehmen, kann die Schlussfolgerung nur sein, den Opfern beizustehen und eine Einstellung der Kampfhandlungen zu fordern, als ersten Schritt zur Aufnahme von Friedensverhandlungen und zum Rückzug der russischen Truppen.

Kriegsbegeisterung und Kriegsmüdigkeit

Die Zur-Lage-der-Union-Rede der EU-Kommissionspräsidentin Ursula von der Leyen Anfang September 2022 ließ diese Empathie vermissen. Nicht der Frieden, der Krieg müsse zu allen Kosten gewonnen werden. Das ist es aber nicht, was die Europäer*innen von der Politik erwarten. Die Mehrheit unter ihnen ist über die Gefahr einer weiteren Eskalation und die steigenden Lebenshaltungs- und Energiekosten besorgt, weshalb sie vor allem einen baldigen Frieden wünscht.[2]

Darauf bezog sich wohl die deutsche Außenministerin Annalena Baerbock, als sie im Juni 2022 vor einer Kriegsmüdigkeit der Bevölkerung warnte. Was wünscht sie sich? Kriegsbegeisterung wie anno 1914 und 1941? Erschreckend allerdings sind auch Meinungsumfragen und Wahlergebnisse, die nahelegen, dass der bellizistische und chauvinistische Diskurs der grünen Parteiführerin auf Zustimmung unter ihren Anhänger*innen stößt. Wie geschichtsvergessen kann eine Partei sein, die aus der Friedensbewegung hervorgegangen ist?

Angesichts der herrschenden Stimmung war es mutig, dass die Partei DIE LINKE im Bundestag sowohl gegen die Ermächtigung der Regierung zur Aufnahme von Sonderkrediten für die Aufrüstung der Bundeswehr als auch gegen die Lieferung schwerer Waffen opponiert hat. Es ist sehr wichtig für die europäische Linke, dass in Deutschland eine parlamentarisch vertretene Partei besteht, die aus der Geschichte schlussfolgert, dass von diesem Land nie wieder Krieg ausgehen dürfe!

Der Krieg in der Ukraine ist eine europäische Tragödie. Politiker*innen, die für die horrenden Aufrüstungspläne der Regierungen werben, sprechen von einer »Zeitenwende«. Hierin offenbart sich ein verstörender Eurozentrismus, der ein Elend als solches erst dann wahrnimmt, wenn es an die verbarrikadierte Tür des eigenen Hauses klopft. Jedoch gab es in letzten Jahrzehnten keinen einzigen Tag, an dem nicht irgendwo auf der Welt

---

[2] Siehe: European Council on Foreign Relations Peace versus Justice. The coming European Split over the War in the Ukraine, https://ecfr.eu/europeanpower/unlock/ (10.10.2022).

Krieg herrschte. Die Friedensforschung erinnert uns daran, dass zurzeit nicht weniger als 22 Kriege geführt werden, die den Europäer*innen vornehmlich durch die ankommenden Flüchtlinge bewusst werden. Versetzen wir uns einen Moment in deren Lage, der Afghan*innen, Syrer*innen, der Frauen, die in den Lagern an der EU-Außengrenze festsitzen, vergewaltigt und missbraucht werden, der Kurd*innen, die zum Bargaining Chip beim NATO-Beitritt Finnlands und Schwedens werden, und der aus ihren Häusern vertriebenen Palästinenser*innen. Wie oft hat die UN-Vollversammlung wirkungslos dagegen protestiert?

2009 prognostizierte der marxistische Historiker Eric Hobsbawm, dass »die Menschheit auf eine Zeit zugehe, in der viel Blut fließen werde«.[3] Der Papst bezeichnete bereits 2014 die Zerstörung der Regenwälder, die Vertreibung indigener Völker aus ihren Heimaten und die Tatsache, dass mehr als einer Milliarde Menschen sichere Lebensmittel, Trinkwasser und medizinische Grundversorgung vorenthalten werden, als den dritten Weltkrieg, der auf Raten stattfinde. Kaum ein*e Politiker*in hat damals den Zustand der Welt in solcher Drastik beschrieben.

In diesem Krieg geht es um mehr als um das Phantasma einer russischen Welt, das Putin und die russischen Kommunisten umtreibt, mit dem mehr schlecht als recht die Gier der Oligarchie maskiert wird, sich die Kontrolle über das ressourcenreiche Nachbarland samt seiner strategisch wichtigen Häfen einzuverleiben. Die Ukraine wurde zum Unglück ihrer Bewohner*innen zu einem Quadrat auf dem Schachbrett der geopolitischen Konfrontation. Ihre Regierung war unklug genug, dies für ihre eigene Strategie auszunützen. Wie die Niederlage der USA in Afghanistan steht auch die russische Aggression für das Auseinanderfallen der nach dem Ende des Kalten Krieges etablierten Weltordnung mit ihren Doppelstandards: Annexion der Krim? Ein Bruch des Völkerrechts! Abtrennung des Kosovo von Serbien? The winner takes it all! Russlands fehlkalkulierte Aggression ist ein Verbrechen gegen die Humanität. Die Kriege in Jugoslawien, Afghanistan, Irak und Libyen waren es aber nicht weniger. Wenn Putin sich vor dem Kriegsverbrecher in Den Haag verantworten müsste, sollten nicht Bush und Blair neben ihm Platz nehmen?

Niemals darf man sich auf das Niveau derjenigen begeben, die mit den Völkerrechtsbrüchen und Verbrechen der einen, diejenigen der anderen Seite rechtfertigen wollen. Aber die Doppelstandards, die die uniforme Kriegsberichterstattung in unseren Ländern leiten, müssen benannt werden, weil sie auch die Funktionsprinzipien der unilateralen Weltordnung

---

[3] Eric Hobsbawm: Es wird Blut fließen, viel Blut, www.stern.de/wirtschaft/news/eric-hobsbawm--es-wird-blut-fliessen--viel-blut--3811538.html (zuletzt: 12.4.2023).

darstellen, die aus dem Kalten Kriegs hervorgegangen sind. Doch eine Ordnung, in der die sieben führenden Industriestaaten mit 12% der Weltbevölkerung beinahe die Hälfte der wirtschaftlichen Leistung monopolisieren, und mittels der internationalen Finanzinstitutionen die Welt regieren, ist auf Sand gebaut. Ihre Dysfunktionalität erweist sich an der Unfähigkeit, einen Rahmen für die Bewältigung der ökologischen Krise und der globalen Ungleichheit zu schaffen.

Wissenschaftler*innen haben kürzlich gefordert, bei der Behandlung der Klimakrise das Worst-Case-Szenario anzunehmen, das heißt von einer globalen Erwärmung zwischen 2,1 und 3,9 Grad zum Ende des Jahrhunderts auszugehen.[4] Die sozialen und politischen Konflikte, die dieses Szenario hervorrufen wird, sind heute noch nicht einmal vorstellbar.

Völkerrecht und Atomrüstung

Wir befinden uns in einem Zustand, wie Karl Polanyi und Antonio Gramsci ihn beschrieben haben: eine dysfunktionale weltweite Marktwirtschaft, die von einem Zerfall der herrschenden Ideologie und einer Krise der Institutionen begleitet ist, ein Interregnum, das den Hintergrund gewaltsamer imperialistischer Zusammenstöße und aller Sorten von Nationalismus und religiösem Fundamentalismus abgibt.

Der verbrecherische Irrsinn von Putins Kriegsbefehl besteht auch darin, dass er das Völkerrecht, eine der wichtigsten zivilisatorischen Errungenschaften des 20. Jahrhunderts, das eine unabdingbare Voraussetzung zur Bewältigung der konfliktreichen Transformation, in der sich die Weltgesellschaft befindet, ist, ad absurdum führt. Dabei stellt die überkommene Verfasstheit der internationalen Institutionen, in denen die Interessen der wirtschaftlichen und militärischen Großmächte dominieren, ein Problem für sich dar, das jedoch auch nur auf Basis des existierenden Völkerrechts und nicht durch seine Zerstörung behoben werden kann.

Der soziale und ökologische Umbau der Weltgesellschaft kann nur gelingen, wenn er in ein neues System der internationalen Streitbeilegung und kollektiven Sicherheit eingebettet ist. Die gegenseitigen Drohungen mit dem Einsatz von Atomwaffen haben in Erinnerung gerufen, dass das größte Risiko für die weltweite Sicherheit in den nuklearen Arsenalen besteht, die zurzeit umfassend modernisiert werden. Europa ist davon besonders betroffen. 2018 verkündeten die USA und die Russische Föderation

---

[4] Luk Kemp u.a.: Climate Endgame. Exploring catastrophic climate change scenarios, www.pnas.org, (1.8.2022).

ihren Ausstieg aus dem INF-Vertrag, mit dem Ronald Reagan und Michail Gorbatschow den Abzug der Anfang der 1980er-Jahre stationierten nuklearen Mittelstreckenraketen aus Europa besiegelt haben. Seit August 2022, infolge der durch den Ukraine-Krieg angefachten Konfrontation, verbietet die Russische Föderation, die Einreise US-amerikanischer Inspektoren zur Überwachung des provisorisch verlängerten Vertrages über die Reduzierung der strategischen Atomwaffen. Das gesamte Gebäude der nuklearen Rüstungsbegrenzung steht vor dem Einsturz.

Die Androhung der gegenseitigen Vernichtung betrifft nicht nur die Atommächte, sondern alle Staaten und Völker. Angesichts des fortgesetzten atomaren Wettrüstens ergriffen 2017 die nuklearen Habenichtse in der UNO die Initiative und begannen Verhandlungen über einen Vertrag zum Verbot der Atomwaffen, die noch im selben Jahr zu einem Beschluss der Generalversammlung der Vereinten Nationen führte. Dieser Schritt der Selbstermächtigung der Mehrheit der UN-Mitglieder war Konsequenz ihrer Frustration über die wiederholten, aber folgenlosen Selbstverpflichtungen der Atommächte zur nuklearen Abrüstung. Mit der Ratifikation durch mehr als 60 Staaten wurde der Atomwaffenverbotsvertrag gültiges Völkerrecht. In ihm verpflichten sich die Unterzeichnerstaaten, auf den Besitz, die Erprobung, den Erwerb und die Lagerung von Atomwaffen auf ihrem Territorium zu verzichten. Sie fordern die Atommächte dazu auf, gegen sie keine Atomwaffen einzusetzen und deren Einsatz anzudrohen.

Dass die Atommächte sich weigern, den Vertrag zu unterzeichnen, entspricht der Logik ihrer bisherigen Politik. Bemerkenswert aber ist, dass unter den Mitgliedstaaten der Europäischen Union nur Österreich und Irland dem Vertrag beigetreten sind. Die zum Zeitpunkt der Verabschiedung noch neutralen bzw. paktfreien Staaten, Finnland und Schweden jedoch nicht, was ihre angeblich rasch getroffenen Entscheidungen zum NATO-Beitritt in einem speziellen Licht erscheinen lässt.[5]

---

[5] Das öffentlich-rechtliche schwedische Fernsehen berichtete im Juli 2019, dass der schwedische Außenminister 2017 eine positive Prüfung des Vertrages in Aussicht gestellt hatte. Wenige Tage darauf habe der US-amerikanische Verteidigungsminister mit negativen Konsequenzen unter anderem in Hinblick auf die Option eines schwedischen NATO-Beitritts (!) gedroht, woraufhin die schwedische Regierung ankündigte, den Vertrag nicht zu ratifizieren. Wallström: Sverige kommer inte att skriva under FN-förbud mot kärnvapen. SVT Nyheter, 12. Juli 2019.

Die Zukunftsdebatte der EU

Die EU beabsichtigte, die Jahre 2021 und 2022 als Zeichen einer großen Debatte über ihre Zukunft zu stellen. Bald wurde klar, dass statt der drängenden gesundheitspolitischen, sozialen und ökologischen Herausforderungen sich immer mehr Pläne zur militärischen Aufrüstung in den Vordergrund drängten, bis schließlich im März 2022 der Europäische Rat mit dem sogenannten Strategischen Kompass eine in der bisherigen Geschichte der EU einzigartige Verpflichtung zur Aufrüstung billigte.

Die Behauptung, es handle sich hierbei um eine Reaktion auf den Einfall der Russischen Föderation in die Ukraine, ist unzutreffend, waren doch der EU-Rüstungsfonds und die sogenannte EU-Friedensfazilität, die außerhalb des EU-Haushalts zusätzliche Mittel für Rüstung vorsehen, bereits 2016 und 2017 beschlossen worden.

Zutreffend ist allerdings, dass es sich bei der forcierten Aufrüstung um eine Agenda, nicht in erster Linie der EU, sondern der NATO handelt. Die EU hatte sich allerdings auf Ebene des Europäischen Rats der Staats- und Regierungschefs 2013 darauf festgelegt, die Gemeinsame Sicherheits- und Verteidigungspolitik in voller Komplementarität mit der NATO weiterzuentwickeln.[6] Diese hatte das Ziel, die jährlichen Rüstungsausgaben auf 2% der Wirtschaftsleistung anzuheben, schon 2002 beschlossen.

Bei dieser und keiner der folgenden Entscheidungen konnte ein sicherheitspolitischer Mehrwert plausibel gemacht werden, übersteigen doch die summierten Militärausgaben von USA und NATO-Ländern die Rüstungsausgaben Russlands um mehr als das zenfache. Aus heutiger Sicht ist festzustellen, dass sie auch den revanchistischen Angriff Putins nicht verhindert haben. Im Ergebnis von Aufrüstung und NATO-Ostererweiterung stehen einander aber heute in Europa hochgerüstete, einsatzbereite und mit Atomwaffen ausgerüstete Armeen gegenüber.

Die kostspielige Militarisierung der EU wurde unter anderem mit dem Ziel legitimiert, eine strategische Autonomie der EU gegenüber den unter Trump unberechenbar gewordenen USA zu erreichen.[7] Sollte dieses militär-, energie- und technologiepolitische Ziel überhaupt jemals ernsthaft verfolgt worden sein, so fiel es der aktuellen geopolitischen Konfrontation zum Opfer.

---

[6] European Council 19/20 December 2012, Conclusions, https://data.consilium.europa.eu/doc/document/ST-217-2013-INIT/en/pdf (11.10.2022).

[7] Siehe: Josep Borell: Warum die strategische Autonomie Europas wichtig ist. (3.12.2020): www.eeas.europa.eu/eeas/warum-die-strategische-autonomie-europas-wichtig-ist_de.

Das Schicksal Europas mit dem der USA auf Gedeih und Verderb verknüpft zu haben, ist eine Hypothek, mit der die europäische Integration auf lange Zeit belastet sein wird. Die NATO-Osterweiterung kann keine Rechtfertigung für die Aggression der Russischen Föderation abgeben. Ein fataler Fehler war sie trotzdem. Die NATO kann kein System kollektiver Sicherheit sein. Darunter versteht man Systeme, die wie die UNO oder die OSZE, Sicherheit durch Universalität herstellen. Systeme, die eine exklusive Sicherheit für ihre Teilnehmenden, tendenziell zulasten von Outsidern schaffen wollen, heißen Militärpakte. Aus der historischen Friedensforschung wissen wir, dass solche in Dreiviertel der Fälle zu Krieg und nicht zum Frieden geführt haben. Es ist ein Paradoxon, dass über die europäische Sicherheit maßgeblich in Washington entschieden wird, denn die dortigen sicherheitspolitischen Prioritäten stimmen nicht mit den europäischen überein. Die mögliche Eskalation des Ukraine-Krieges zu einem mit taktischen Atomwaffen geführten Krieg mag sich aus 5.000 Kilometer Entfernung als ein kalkulierbares, begrenzbares Szenario darstellen, für Europa mit 300 Großstädten und 104 Atomkraftwerken gibt es aber keinen begrenzten Atomkrieg, sondern nur die umfassende Zerstörung.

So sind die USA offensichtlich bereit, den Krieg bis zu einem möglichen Sieg auf dem Schlachtfeld fortzusetzen, während es im Interesse der EU und der Mitgliedstaaten läge, alle politischen und diplomatischen Hebel zu seiner raschen Beendigung in Bewegung zu setzen, um die Spirale der Eskalation zu unterbrechen. Selbst wenn ein militärischer Sieg im Bereich der Möglichen der von der NATO hochgerüsteten Ukraine läge, stellte sich die Frage, um welchen Preis, und mit welchen Folgen für die europäische Sicherheit, sollte es zu einer Destabilisierung der Russischen Föderation kommen.

Andererseits würde ein Waffenstillstand weder den Interessenskonflikt um den militärpolitischen Status der Ukraine noch die Widersprüche zwischen der NATO und der Russischen Föderation aus der Welt schaffen. Dies wäre aber die Voraussetzung für einen dauerhaften Frieden im Rahmen einer neuen europäischen und globalen Sicherheitsarchitektur.

Wenn die Waffen endlich schweigen, wird das ukrainische Volk weiterhin auf seinem Recht auf nationale Selbstbestimmung bestehen. Ebenso aber wird die Russische Föderation eine atomar bewaffnete europäische Großmacht bleiben, deren Einbindung in eine Sicherheitsarchitektur die Berücksichtigung ihrer Sicherheitsinteressen erfordert. In diesem Sinn legte im Juni 2022 der damalige italienische Außenminister Luigi Di Maio der UN einen Friedensplan für die Ukraine vor.[8] Der Kompromiss sollte in einer militäri-

---

[8] www.infosperber.ch/politik/italien-legt-uno-einen-plan-fuer-den-frieden-in-der-ukraine-vor/ (zuletzt 12.4.2023).

schen Neutralisierung der Ukraine und einer internationalen Garantie ihrer territorialen Integrität bestehen. Dabei würde sich die Ukraine auch zu weitgehenden Autonomierechten ihrer nationalen Minderheiten verpflichten. In den umkämpften Gebieten sollten unter der Ägide von UN oder OSZE demilitarisierte Zonen eingerichtet werden. Die Vorschläge entsprachen denen, die bereits im März zwischen Ukraine und Russland verhandelt wurden. Ihre Verwirklichung scheiterte maßgeblich an den Einsprüchen der USA und Großbritanniens, die der ukrainischen Regierung statt raschem Frieden weitere, massive Waffenlieferungen in Aussicht stellten.

Eine Neuauflage der Ost-Politik

Wir stehen heute vor den Trümmern des gesamten politischen Kapitals, das seit dem Fall der Berliner Mauer aufgebaut wurde. Das Vertrauen zwischen den politischen Akteuren ist auf lange Sicht zerstört. Die neue Sicherheitsarchitektur, von der allenthalben die Rede ist, ist ein hehres Ziel, von dem schwer anzugeben ist, wie es unter den gegebenen Umständen erreicht werden kann.

Es hat den Anschein, als hätten die Europäische Kommission und die Regierungen der maßgeblichen EU-Mitgliedstaaten angesichts von Bidens Hochrisiko-Strategie eine langfristige Perspektive der europäischen Sicherheit aus den Augen verloren. Die Fragen stellen sich aber trotzdem: Wollen wir eine EU, die die kommenden Jahre am Rande eines Krieges balanciert, und wenn nicht, wie könnte ein krisensicheres, autonomes System der kollektiven Sicherheit in Europa aussehen?

Der Weg dahin wird lang und schwer. In historischen Analogien gesprochen befinden wir uns heute nicht im Jahr 1975, als die 35 Staatschefs in Helsinki die Schlussakte unterschrieben haben, sondern im Jahr 1968, als die Panzer des Warschauer Paktes die Tschechoslowakei überrollten. Zwischen dem Einmarsch in Prag und der Helsinki-Konferenz lagen sieben schwierige Jahre, in denen Stein um Stein ein tragfähiges Gebäude der europäischen Sicherheit errichtet wurde.

Heute sind neuerlich im günstigsten Fall einzelne konkrete Schritte einer Entspannung zu erreichen, wie sie die pragmatische Ostpolitik in den 1970er-Jahren trotz bestehender Interessensgegensätze und ideologischer Gräben zustande gebracht hat. Die Wahrheit lautet, einfach ausgedrückt, dass Frieden die Fähigkeit erfordert, auch mit Nachbarn zu koexistieren, deren Ideologie und politische Ausrichtung missfällt.

Außer der Beendigung des Krieges ist aus europäischer Sicht prioritär, zum Vertrag über den Abzug der nuklearen Mittelstreckenraketen zurückzukehren. Viele haben vergessen, wie sehr diese Waffensysteme aufgrund ihrer kurzen Vorwarnzeiten die Sicherheitslage in Europa destabilisiert haben. Die EU müsste im Interesse der europäischen Völker außerdem autonome Initiativen zur Wiederbelebung der atomaren Rüstungskontrolle und -reduzierung ergreifen. Die europäische Linke könnte gemeinsam und koordiniert von den Regierungen fordern, sich dem Atomwaffenverbotsvertrag anzuschließen und atomwaffenfreie Zonen in Europa zu schaffen, mit dem Ziel, Europa zu einem atomwaffenfreien Kontinent wie Afrika und Lateinamerika zu machen.

Der von der Russischen Föderation gestartete Krieg und der Wirtschaftskrieg, mit dem die USA und ihre Verbündeten ihn beantwortet haben, lasten schwer auf der Weltwirtschaft. Die weltweite Versorgung mit Nahrungsmitteln und Energie sowie das internationale Finanzsystem befinden sich in einer Krise. Die Auswirkungen betreffen in erster Linie die Völker des Globalen Südens, zunehmend aber auch den Lebensstandard der Lohnabhängigen in Europa. Es wäre erforderlich, die getroffenen Maßnahmen im Hinblick auf Treffsicherheit, Wirksamkeit und soziale bzw. ökologische Auswirkungen zu überprüfen. Beunruhigend in diesem Zusammenhang ist aber auch, dass der Abbruch der wirtschaftlichen und kulturellen Verbindungen, die Jahrzehnte lang die zivilgesellschaftliche Basis für den Frieden in Europa gebildet haben, die Schwelle für eine kriegerische Konfrontation weiter absenkt. Auch um diesen Prozess zu stoppen, muss mit allen Mitteln auf einen Waffenstillstand gedrängt werden.

Es geht auch um die Zukunft der europäischen Integration. EU und Regierungen müssen erkennen, dass das Schicksal von Integration und Autonomie an die Wiederherstellung des Friedens gebunden ist. Dass die Weichen zurzeit in eine andere Richtung gestellt werden, fordert die Linke in Europa in spezieller Weise heraus. Sollen Zukunftsängste und Frustration der europäischen Völker nicht auf die Mühlen der radikalen, nationalistischen Rechten geleitet werden, muss die Linke der herrschenden Politik ihre eigene Friedensagenda gegenüberstellen. Sie wird sich damit kurzfristig weder bei den regierenden Parteien noch bei den liberalen Medien Beliebtheitspunkte holen. Andererseits aber wird sie so ihrer historischen Verantwortung gerecht und kann sich zur Sprecherin jener wachsenden Zahl von Europäer*innen machen, deren Unbehagen beginnt, sich in Protest zu verwandeln.

Peter Wahl

Verhandeln statt schießen

Es kommt selten vor, dass Resolutionen der UN-Vollversammlung in unserer medialen Öffentlichkeit nennenswerte Aufmerksamkeit erzielen. Resolution ES 11/1 vom 2. März 2022 aber brachte es zu Schlagzeilen und schaffte es in die Primetime-Formate des Fernsehens. 141 der 191 UN-Mitglieder[1] »missbilligen auf das Schärfste die Aggression der Russischen Föderation gegen die Ukraine«, so der Kernsatz der Resolution.[2]

Allerdings: So gut wie nicht berichtet wurde, dass die gleiche Resolution auch »nachdrücklich die sofortige friedliche Beilegung des Konflikts zwischen der Russischen Föderation und der Ukraine durch politischen Dialog, Verhandlungen, Vermittlung und andere friedliche Mittel« fordert, und von den Parteien außerdem verlangt, »sich an die Minsker Vereinbarungen zu halten und in den einschlägigen internationalen Rahmen, einschließlich des Normandie-Formats und der Trilateralen Kontaktgruppe, konstruktiv auf deren vollständige Durchführung hinzuwirken«.[3]

Ein klares Votum also für Diplomatie und Verhandlungen, wie es auch dem zentralen Mandat der UNO entspricht, und wie bereits im ersten Satz der Charta von 1945 formuliert »künftige Geschlechter vor der Geißel des Krieges zu bewahren, die zweimal zu unseren Lebzeiten unsagbares Leid über die Menschheit gebracht hat« – und wenn es dennoch zum Krieg kommt, dafür zu sorgen, dass er so schnell wie möglich beendet wird.

Mit dem Verweis auf das Normandieformat[4] und die Trilaterale Kontaktgruppe[5] werden neben den unmittelbaren Konfliktparteien Russland und Ukraine auch gezielt Frankreich und Deutschland angesprochen. Doch von dort kommt zu dieser Aufforderung nur dröhnendes Schweigen. Ein Aspekt der deutschen »Zeitenwende« besteht darin, dass die Haltung der Funktionseliten zu Russland auf bellizistische Konfrontation und Militarismus geschrumpft ist. Mit dünkelhafter Selbstüberschätzung, wie sie besonders provokant die grüne Außenministerin kennzeichnet, werden Diplomatie,

---

[1] 35 enthielten sich, darunter Algerien, Bangladesch, Bolivien, Indien, Pakistan, Senegal, Südafrika Tansania, Vietnam und China. Zwölf nahmen an der Abstimmung nicht teil und fünf stimmten dagegen, darunter Russland selbst.

[2] https://documents-dds-ny.un.org/doc/UNDOC/GEN/N22/293/38/PDF/N2229338.pdf?OpenElement.

[3] Ebd.

[4] Deutschland, Frankreich, Russland, Ukraine.

[5] Russland, Ukraine und OSZE.

Verhandlungen und politische Konfliktlösungen als Handlungsoptionen gestrichen.

In den staatstragenden Medien wird gegen Verhandlungen sogar im Tonfall lupenreiner Hate Speech gehetzt. Von »Unterwerfungspazifismus«, ist die Rede, und wer für Diplomatie plädiert, wird als »moralischer Lump« (Herfried Münkler am 15.4.2022 im WDR) oder »Defätist«, der »einen Waffenstillstand von Putins Gnaden herbeireden« will (FAZ, 5.9.2022, S. 9), stigmatisiert.

Die Diskreditierung von Kritik am Kurs der Bundesregierung und des kollektiven Westens soll einschüchtern und ist wohl auch nicht völlig wirkungslos. Selbst bis in Teile der gesellschaftlichen Linken und der Friedensbewegung hinein ist sie spürbar. Dabei zeigt sich gerade an Konflikten im postsowjetischen Raum mehrfach, dass Diplomatie durchaus funktionieren kann. So wurden die Kampfhandlungen zwischen den beiden ehemaligen Sowjetrepubliken Armenien und Aserbaidschan durch Vermittlung von Russland und unter Mitwirkung der Türkei beendet, sowie russische Friedenstruppen und türkische Beobachtungsposten zwischen den Kriegsparteien stationiert. Sicher ist der Konfliktstoff – vor allem territoriale Streitigkeiten – damit nicht aus der Welt. Aber immerhin wurde das Töten gestoppt und die Risiken eines Kontrollverlustes, wie sie in jedem Krieg lauern, eingehegt. Und schließlich wurde Zeit gewonnen, um an einer politischen Lösung zu arbeiten.

Hochinteressant und für die aktuelle Debatte ausgesprochen erhellend sind auch die Erfahrungen mit dem Krieg zwischen Georgien und Russland 2008. Sie werfen ein Licht auf das, was man als das intellektuelle Betriebssystem bezeichnen könnte, mit dem die politische Klasse und die staatstragenden Medien die Sicht auf den Ukrainekrieg zu steuern versuchen.

Georgienkrieg – ein pikanter Fall

Nachdem beim Bukarester NATO-Gipfel im April 2008 die Aufnahme der Ukraine und Georgiens beschlossen wurde – wenn auch auf Widerstand von Berlin und Paris hin ohne konkretes Datum – fühlte sich der damalige georgische Präsident Saakaschwili ermutigt, Süd-Ossetien dem georgischen Staat mit militärischer Gewalt einzuverleiben. Süd-Ossetien ist, wie Taiwan oder der Donbass, ein Territorium, das sich von dem Land, zu dem es völkerrechtlich gehörte, zu trennen versucht. Im Zuge des Zerfalls der Sowjetunion hatten seine Bewohner*innen für sich das gleiche Recht auf Selbstbestimmung in Anspruch genommen wie die Ukraine und all die anderen unabhängig geworden postsowjetischen Staaten. Der Konflikt wurde (zunächst einvernehmlich) mithilfe der Stationierung russischer Friedenstruppen in Süd-Ossetien eingefroren.

Als der Krieg 2008 ausbrach, engagierte sich Nicolas Sarkozy – Paris hatte zufällig die EU-Ratspräsidentschaft – als Vermittler, reiste nach Moskau und erreichte einen Waffenstillstand und den Rückzug der russischen Truppen, die bereits weit auf die georgische Hauptstadt Tiflis vorgestoßen waren, sowie ein Abkommen, mit dem der Konflikt erneut eingefroren werden konnte. Selbst wenn die EU dabei das Interesse hatte, Georgien vor einer totalen Niederlage zu bewahren und einen Erfolg Moskaus zu verhindern, so zeigt der Fall die Wirksamkeit von Diplomatie.

Ausgesprochen pikant ist aber, dass die EU nach dem Krieg eine Untersuchungskommission berief, die den Krieg aufarbeiten sollte. In ihrem Report[6] stellt sie fest, dass der Angreifer eindeutig Georgien war: »In der Nacht vom 7. zum 8. August traf ein lang anhaltender Artillerieangriff die Stadt Tskhinvali. Auch fanden Vorstöße der georgischen Streitkräfte gegen Tskhinvali statt.« (S. 10 des Reports. Übers. aus dem Englischen P.W.)

Noch pikanter ist, dass die EU in ihrem »strategischen Kompass« vom März 2022 die Erkenntnisse der von ihr selbst bestellten Kommission nicht nur ignoriert, sondern wahrheitswidrig eine militärische Aggression Russlands behauptet.[7] Am pikantesten aber ist die Analyse des Krieges: »Der Beschuss von Tskhinvali durch die georgischen Streitkräfte in der Nacht vom 7. zum 8. August 2008 markierte den Beginn eines bewaffneten Konflikts großen Ausmaßes in Georgien, dennoch war er nur der Höhepunkt einer langen Periode wachsender Spannungen, Provokationen und Zwischenfällen. Tatsächlich hat der Konflikt tiefe Wurzeln in der Geschichte der Region, in den nationalen Traditionen der Bevölkerungen und deren Bestrebungen als auch in sehr alten wechselseitigen Wahrnehmungen oder besser Fehlwahrnehmungen, die niemals bearbeitet und manchmal instrumentalisiert wurden.« (Ebd.)

Der georgische Angriff wird also eingebettet in komplexe historische und strukturelle Zusammenhänge. Das Ganze bleibt frei von moralischen Werturteilen. Begriffe wie Völkerrechtsbruch oder Aggressor kommen nicht vor, geschweige denn verbrecherisch, menschenverachtend oder Ähnliches. Der Report vermeidet demonstrativ affektgeladene Formulierungen. Unabhängig davon, ob jede Einzelheit der Analyse zutreffend ist, das methodische Herangehen versucht die Anatomie des Konflikts zu verstehen – man könnte die Autoren als Saakaschwiliversteher bezeichnen – und stellt sich so in die

---

[6] Independent International Fact-Finding Mission on the Conflict in Georgia. Volume I, II, III. September 2009. Europäische Union Dokument #1127058, www.ecoi.net/en/file/local/1127058/1930_1291912839_iiffmcg-volume-i.pdf (zuletzt: 19.4.2023).

[7] Rat der Europäischen Union, 21.3.2022: Ein Strategischer Kompass für Sicherheit und Verteidigung – Für eine Europäische Union, die ihre Bürgerinnen und Bürger, Werte und Interessen schützt und zu Weltfrieden und internationaler Sicherheit beiträgt, S. 7.

Tradition von Friedens- und Konfliktforschung und der Theorien internationaler Beziehungen. Auch kritische Gesellschaftsanalyse verfährt schon immer so.

Aber ist das nicht eine Relativierung des georgischen Angriffs? Ja, das ist es. Aber nur wer glaubt, die Realität dieses Krieges in Kategorien von Absolutheit erfassen zu können, wird das als Manko empfinden. Das Absolute ist das Terrain von Religion, Affekt, Ideologie und Moral. Für eine Strategie zur Lösung eines Konflikts braucht es rationales, differenzierendes Vorgehen. Ohne richtige Diagnose keine Therapie.

Mit der Schrumpfung der Kriegsschuldfrage auf den 24. Februar wird jeder historische und strukturelle Zusammenhang des Krieges gekappt. Der russische Einmarsch wird zum singulären Ereignis. Durch diese Brille werden alle möglichen Übel per Monokausalität hergeleitet: vom Anstieg der CO_2-Emission über die Inflation bis hin zum Hunger im Globalen Süden u.v.a.m.

Zur Diagnose des Konflikts in der Ukraine

Eine diplomatische Therapie für den Ukrainekrieg setzt eine realistische Diagnose voraus, die hier nur kurz skizziert werden kann.[8]

Demnach sind Kerne der Anatomie des Ukrainekriegs zwei unterschiedliche Typen von Konflikten, die allerdings auf komplexe Weise miteinander verschränkt sind. Zum einen Konflikte, die sich aus dem chaotischen Zerfall der Sowjetunion ergeben, also Minderheitenfragen, Sprachprobleme, Grenzstreitigkeiten u.ä. Dieser Typus findet sich auch zwischen anderen postsowjetischen Staaten. Siehe den Krieg zwischen Armenien und Aserbaidschan, oder den Grenzkonflikt zwischen Kirgistan und Tadschikistan.

Der zweite Typus ist »ein Stellvertreterkrieg zwischen Russland und der NATO«, wie der Mitarbeiter des US-Außenministeriums und Inhaber des Henry-Kissinger-Lehrstuhls an der John Hopkins Universität, Hal Brands, zutreffend feststellt.[9] Bei diesem Stellvertreterkrieg geht es sowohl um Fragen

---

[8] Ausführlicher dazu: Wahl, Peter: Der Ukraine-Krieg und seine geopolitischen Hintergründe. Attac AG Globalisierung & Krieg, April 2022. www.attac-netzwerk.de/fileadmin/user_upload/AGs/Globalisierung_und_Krieg/reader/20220318_AG_GuK_Ukraine.pdf (zuletzt 13.4.2023). Oder auch: Kronauer, Jörg (2022): Der Aufmarsch – Vorgeschichte zum Krieg. Russland, China und der Westen. Köln.

[9] Brands, Hal (2022): Why Superpower Crises Are a Good Thing. A new era of tensions will focus minds and break logjams, as Cold War history shows. In: Foreign Policy, 5.8.2022. https://foreignpolicy.com/2022/08/05/superpower-crisis-china-russia-cold-war-geopolitics-strategy/?utm_source=PostUp&utm_medium=email&utm_campaign=Editors%20Picks%20OC&utm_term=45335&tpcc=Editors%20Picks%20OC (zuletzt 13.4.2023).

des strategischen Gleichgewichts (des Schreckens) – das einzige Gebiet, auf dem Russland einigermaßen auf Augenhöhe mit den USA ist – als auch um die Gestalt der zukünftigen Weltordnung. Der Stellvertretercharakter ist inzwischen der dominierende Faktor des Krieges.

Was das nukleare Gleichgewicht angeht, so ist den US-Eliten die Vorstellung schon lange unerträglich, dass trotz ihres Sieges im Kalten Krieg Russland nach einem atomaren Erstangriff noch immer in der Lage wäre, mit seiner Zweitschlagskapazität die USA in Schutt und Asche zu legen. Daher immer erneute Anläufe, das zu ändern – von der Kündigung der Rüstungskontrollabkommen,[10] über den Versuch technologische Überlegenheit zu Land, zu Waser, in der Luft, im Weltraum und im Cyberspace zu bekommen (»full range dominance«) bis hin zum Ausbau der Ukraine als Brückenkopf für einen potenziellen Enthauptungsschlag gegen Moskau.

Russland fühlt sich durch diese Entwicklung bedroht. Denn selbst wenn es nicht zum Äußersten kommt, würde eine atomare Unterlegenheit politisch erpressbar machen. Eine solche Bedrohungswahrnehmung ist ernst zu nehmen, unabhängig davon, ob sie objektiv zutrifft, denn sie ist ein wichtiger Handlungstreiber. So ist die Formulierung Putins in seiner Rede am 22. Februar ernst zu nehmen, Russland fühle sich, als ob es »ein Messer am Hals« habe.

Eigentlich sind auch die USA der Auffassung, dass ein feindliches Militärbündnis an der Grenze zu einer Atommacht inakzeptabel ist, wie ihr Verhalten in der Kubakrise zeigt. Ein Kompromissfrieden mit Russland muss daher diesem Aspekt der russisch-amerikanischen Beziehungen Rechnung tragen. Das in vielen völkerrechtlichen Texten verankerte Prinzip der ungeteilten Sicherheit, d.h. dass eine Seite ihre Sicherheit nicht auf Kosten der anderen erhöhen darf, müsste von den USA respektiert werden.

Was die Zukunft der Weltordnung angeht, so ist der Ukrainekrieg verknüpft mit der Kontroverse multipolares versus unipolares System. Hier kommen China, aber auch Indien und andere große Akteure im Globalen Süden ins Spiel. Sie alle wollen eine US-dominierte, unipolare Welt nicht mehr akzeptieren.

Das ist die eigentliche Zeitenwende, nämlich das Ende der 500-jährigen Epoche von Kolonialismus und Imperialismus, in der der Westen dem Rest der Welt vorgab, wo es lang geht. Die USA wollen das jedoch nicht akzeptieren. Selbst Obama meinte: »Die USA müssen auf der Weltbühne immer führen. […] Ich glaube mit jeder Faser an den amerikanischen Ex-

---

[10] Bereits 2002 kündigte George W. Bush den für das strategische Gleichgewicht grundlegenden Vertrag über strategische Raketenabwehr (ABM-Vertrag), unter Trump folgten der Vertrag über Mittelstreckenraketen und der Open-Sky-Vertrag.

zeptionalismus.«[11] Die Biden-Administration will das mit der ganzen Bandbreite ihrer Mittel in die Praxis umsetzen: »Unsere Welt befindet sich an einem Wendepunkt. Wie wir auf die gewaltigen Herausforderungen und auf die nie gekannten Chancen reagieren, vor denen wir heute stehen, wird die Richtung unserer Welt und die Auswirkungen auf Sicherheit und Wohlstand des amerikanischen Volkes für Generationen bestimmen.«[12] Als Grundzug der Epoche wird also ein säkularer Kampf zwischen »Demokratie« und »Autokratie« behauptet.

Das klingt wie ein Aufruf zum letzten Gefecht. Praktisch würde es die Spaltung der Welt in zwei feindliche Lager bedeuten. Für eine diplomatische Kompromisslösung in der Ukraine konstituiert es aber ein starkes Motiv, an Russland jetzt ein Exempel zu statuieren und ihm eine »krachende Niederlage«[13] beizubringen.

Das bringt uns zu der Frage, wie realistisch angesichts dessen ein baldiger Kompromissfrieden ist. Muss man sich tatsächlich auf einen langen Abnutzungskrieg einstellen, der erst mit der Erschöpfung mindestens einer Partei endet, wie immer wieder behauptet wird?

Realismus?

Natürlich ist es zum Abschluss dieses Beitrags (Mitte November 2022) nicht sinnvoll, in die Rolle des Orakels von Delphi zu schlüpfen und den Verlauf des Krieges prognostizieren zu wollen. Aber das gilt natürlich auch für all jene, die dem neuen TINA-Prinzip – »there is no alternative to Waffenlieferungen und Siegfrieden« – anhängen.

Denn es gehört zum Wesen des Krieges, dass Unvorhersehbarkeit, Unberechenbarkeit und Überraschungen um Größenordnungen höher sind als zu Friedenszeiten. Erinnert sei an den abrupten Rückzug der USA aus Afghanistan wenige Monate vor dem Ukrainekrieg. Auch der Vietnamkrieg endete mit einer Niederlage der Supermacht USA, so wie der Krieg der Sowjetunion in Afghanistan in den 1980er-Jahren zum Desaster für Moskau wurde. Insofern sind die Chancen hoch, dass es auch im Ukrainekrieg anders kommen könnte, als die demonstrative Siegeszuversicht der jeweiligen Propaganda suggeriert.

---

[11] Rede an der Militärakademie West Point, 28.5.2014. https://obamawhitehouse.archives.gov/the-press-office/2014/05/28/remarks-president-united-states-military-academy-commencement-ceremony.

[12] The White House (October 2022): National Security Strategy. Washington.

[13] So ein Kommentar in Die Welt, 16.11.2022, S. 1.

Ein Grund ist, dass es jenseits von Panzern und Kanonen Faktoren gibt, die großen Einfluss auf die Dynamik von Kriegen haben, darunter die Kriegsmüdigkeit. Sie war immer ein Verbündeter von Friedenskräften. Wie Umfragen zeigen, wächst die Zahl derer, die sich ein Ende des Krieges wünschen, selbst wenn dies territoriale Zugeständnisse an Russland bedeutet. So kommt eine Studie der Friedrich-Ebert-Stiftung zu dem Ergebnis, dass die sogenannte Zeitenwende »Deutschland nicht in ein vollkommen anderes Land verwandelt, denn die öffentliche Meinung hält weiter an Pragmatismus und Pazifismus fest. Die Skepsis gegenüber militärischen Mitteln hat sich seit Beginn des Krieges sogar verstärkt.«[14] Und dem Deutschlandtrend der ARD vom 6. Oktober 2022 zufolge sind 47% der Meinung, die Bundesregierung sollte mit militärischer Unterstützung der Ukraine »eher zurückhaltend sein, um Russland nicht zu provozieren«. Das waren 4% mehr als im Vormonat, während jene, die für »Härte gegenüber Russland« um 7% auf 43% zurückgingen.[15]

Ein wesentlicher Teil geopolitischer Kräfteverhältnisse ist auch die Wirtschaft. So ist beispielsweise sehr instruktiv, wie sich die Prognosen des Internationalen Währungsfonds (IWF) zur russischen Wirtschaft und damit zu den Effekten des Wirtschaftskrieges entwickelt haben: Im April 2022 wurde ein Rückgang des BIP von 8,5% vorausgesagt, im Juli waren es nur noch 3,5% und im Oktober 2,1%, sodass sich die französische Tageszeitung Le Monde verwundert fragte, woher »die unerwartete Widerstandskraft der russischen Wirtschaft«[16] kommt. Für die Ukraine wurde dagegen im Oktober ein Einbruch des BIP um 35% vorausgesagt. Und das noch vor den massiven Angriffen Russlands auf die ukrainische Energieinfrastruktur.

Neu und für viele im Westen überraschend ist auch, dass der Globale Süden nicht bereit ist, Partei zu ergreifen. China, Indien, Äthiopien, Indonesien, Mexiko, Brasilien Türkei, Südafrika, Algerien und viele andere halten ihre Wirtschafts- und politischen Beziehungen mit Russland aufrecht oder nutzen sogar die Gelegenheit, sie zu verstärken. Vor allem aber fordern sie immer nachdrücklicher Verhandlungen. Auch dies ein Faktor, der Verhandlungsdiplomatie Rückenwind verschafft.

Hinzu kommt, dass dieser Krieg in einem Kontext multipler Krisen stattfindet – angefangen von der dramatischen Verschärfung der Klimakatastrophe und der anderen Umweltprobleme, über die Folgen von Corona, Inflation, wachsende Verschuldung, Instabilität des Finanzkapitalismus, bis zum Auf-

---

[14] Dienes, Alexandra/Katsioulis, Christos (2022): Zeitenwende. Russlands Krieg als Wendepunkt in der öffentlichen Meinung Deutschlands. Wien. https://peace.fes.de/e/neue-publikation-zeitenwende-russlands-krieg-als-wendepunkt-in-der-oeffentlichen-meinung-deutschlands.

[15] www.tagesschau.de/multimedia/bilder/crbilderstrecke-845.html.

[16] Le Monde, 2.11.2022, S. 16/17.

stieg rechtspopulistischer Kräfte in zahlreichen Ländern. Die Beteiligung des kollektiven Westens als Partei im Stellvertreterkrieg absorbiert in einem Maße Problemlösungsfähigkeit, was nicht lange durchzuhalten ist.

Vor diesem Hintergrund ist es alles andere als realistisch zu glauben, einen langwierigen Abnutzungskrieg bis zu einem Sieg Kiews durchstehen zu können. Hier liegen Ansatzpunkte für Druck von unten durch die gegenwärtig noch schwache und zersplitterte Friedensbewegung.

Friedenspolitische Alternativen als politische Produktivkraft

Die muss sich zuallererst aus der moralischen Defensive lösen, in die sie sich durch die Propagandawalze des Bellizismus hat drängen lassen. Denn es ist gerade moralisch völlig inakzeptabel, auf unkalkulierbare Zeit eine unkalkulierbare Zahl von Menschen in den Tod zu schicken. Baerbock & Co. können sich nicht um die Frage drücken, ob sie zehntausend, fünfzigtausend, hunderttausend oder mehr tote Soldat*innen und Zivilist*innen in Kauf nehmen, um ihren Siegfrieden zu erreichen.

Der Tod der anderen, von dem Anführer, Könige, Herrschende schon immer meinten, dass sie das Recht hätten, ihn einfordern zu können, ist alles andere als moralisch. In einer wertebasierten Außenpolitik, die diesen Namen verdient, steht Frieden an erster Stelle, so wie Frieden auch der Zentralbegriff des Völkerrechts ist. Und Gleiches gilt für die Menschenrechte. In der Menschenrechtserklärung der UNO von 1948 steht an der Spitze aller Rechte nicht zufällig das Recht auf Leben. Solidarität mit der Ukraine heißt daher zuallererst, sich für das Ende des Tötens einzusetzen.

Weiterhin wäre die Stellvertreterdimension des Krieges und damit die Mitverantwortung der USA und ihrem Gefolge für die Entstehung des Krieges, für seine Fortdauer und seine Eskalation zu thematisieren. Und schließlich wäre es geboten, die Alternativen zur militärischen Logik anschaulich zu machen. Es gibt inzwischen zahlreiche Vorschläge, wie ein Kompromissfrieden aussehen könnte.[17] Dabei kann es für die Friedensbewegung nicht darum gehen, einen Friedensvertrag nach allen Regeln der Kunst zu entwer-

[17] U.a. hat Mario Draghi kurz vor dem Sturz seiner Regierung einen solchen Vorschlag gemacht. Prominent ist auch das Konzept, das eine Arbeitsgruppe unter Leitung von Jeffrey Sachs und dem ehemaligen EU-Kommissionspräsidenten und italienischen Ministerpräsidenten Romano Prodi im Juni 2022 unter dem Titel »Keine Angst vor Friedensverhandlungen« veröffentlicht hat: www.karenina.de/leben/zivilgesellschaft/keine-angst-vor-friedensverhandlungen/?fbclid=IwAR03DZKJEPv423X24U6pTYXbgo-GALSmhSaNEcUduN1t0xOG01mE7Nyq6AHo (zuletzt: 12.4.2023).

fen, sondern gegenüber ihren Zielgruppen in der Bevölkerung die Prinzipien einer Verhandlungslösung deutlich zu machen:

- Alle Seiten müssen von ihren Maximalzielen abrücken.
- Die Ukraine bekommt Sicherheitsgarantien, die am besten von neutralen Garantiemächten bis hin zu UNO-Blauhelmen gewährleistet werden.
- Gegenüber Russland müssen USA und NATO das Prinzip der ungeteilten Sicherheit und die Neutralität der Ukraine akzeptieren.
- Es wird ein internationaler Plan zum Wiederaufbau aufgelegt, der auch den Donbass umfasst.
- Als Anreiz für Russland werden die Sanktionen sukzessive aufgehoben.
- Zwischen USA und Russland werden Verhandlungen zur atomaren Rüstungskontrolle aufgenommen.

Besonders schwierig dürften die Territorialprobleme sein, bei denen das Völkerrechtsprinzip der Unverrückbarkeit von Grenzen und das Recht auf Selbstbestimmung in einem Spannungsverhältnis stehen. Als Leitbild könnten historische Beispiele herangezogen werden, wie das Saarland nach dem Zweiten Weltkrieg. Das Gebiet war von 1945 an zehn Jahre lang unter französischer Verwaltung. 1955 entschieden sich in einem Referendum 67,7% der Saarländer*innen für den Beitritt zur Bundesrepublik. Im Fall der Ukraine könnte der unterlegenen Minderheit die Option zum Wechsel in das andere Land angeboten werden, flankiert durch angemessene materielle Unterstützung.

So oder so ähnlich sähe die Agenda einer Friedenskonferenz aus. Verhandlungen wären schwierig, langwierig und würden mit Rückschlägen zu kämpfen haben. Und alle Seiten müssten Kröten schlucken. Aber das gehört nun mal zum Wesen des Kompromisses. Aber es ist alle Male besser als tausendfacher Tod und Zerstörung.

Peter Brandt

Gemeinsame Sicherheit

Die Erfindung der Atombombe und dann die Aufstellung von Interkontinentalraketen veränderten grundlegend den Charakter des Krieges. Zwar dachten Militärstrategen weiter über dessen Gewinnbarkeit nach, aber rational war die Option eines großen atomaren Krieges nicht mehr. Selbst ein »begrenzter« Atomkrieg barg die große Gefahr der globalen Ausweitung – abgesehen davon, dass es für die Menschen im betroffenen Gebiet, etwa in Mitteleuropa, ziemlich unerheblich gewesen wäre, ob eine solche Begrenzung gelungen wäre oder nicht. Je näher die Sowjetunion in den 1950er- und 1960er-Jahren einem ungefähren atomstrategischen Gleichgewicht mit den USA kam, dem »Gleichgewicht des Schreckens«, beruhend auf gesicherter Zweitschlagskapazität – wer zuerst zündet, stirbt als Zweiter –, desto offenkundiger wurde die Funktion der nuklearen Waffen als politische, als latente Drohung, nicht zur Kriegführung einsetzbare Waffen. Gleichzeitig blieb die Auslösung der großen Katastrophe aufgrund eines Fehlalarms oder einer wechselseitigen Fehlwahrnehmung stets real. Die Menschheit ist mehrfach knapp daran vorbeigeschrammt.

Nachdem die beiden Supermächte in der Doppelkrise um Berlin und Kuba 1961/62, insbesondere in den extrem gefährlichen Oktobertagen des Jahres 1962, nur durch besonnenes Handeln der führenden Staatsmänner und beiderseits akzeptable Konzessionen dem Atomkrieg entgangen waren, setzte eine mehrjährige Übergangsphase ein, in der die europäischen Staaten, abgeschwächt auch im Osten des Kontinents, einen größeren Spielraum erlangten. Diese Phase ging mit substanziellen Rüstungskontrollabkommen zwischen den Weltmächten und innovativen politischen Initiativen, insbesondere der Neuen Ostpolitik der Bonner sozialliberalen Regierung (1969–1982), in das Entspannungsjahrzehnt über. Die vertraglich untermauerte Anerkennung des territorialen Status quo (unter dem Vorbehalt seiner unter dem Gesichtspunkt der Teilung Deutschlands in Einvernehmen möglichen Änderung) durch die Bundesrepublik öffnete den Weg zur Konferenz für Sicherheit und Zusammenarbeit in Europa (KSZE) und zum Helsinki-Abkommen von 1975.

Der Entspannungsprozess in der nördlichen Hemisphäre und zugleich zwischen den USA und China beendete zu keinem Zeitpunkt den System- und Mächtekonflikt, schloss im Globalen Süden sogar die Fortsetzung oder die Entstehung verlustreicher nationaler Befreiungskriege (die teilweise zugleich Stellvertreterkriege waren) nicht aus, so in Vietnam, wo von 1940 bis 1975 fast ununterbrochen mit Waffen gekämpft wurde. An seine Grenzen stieß der Entspannungsprozess der 1970er-Jahre indessen hauptsächlich wegen der Unfähigkeit der Protagonisten, von der Rüstungskontrolle zu substanzieller Abrüstung, auch auf dem Feld der konventionellen, also nicht-atomaren Rüstung in Europa überzugehen. Hier existierte tatsächlich ein Übergewicht der Sowjetunion und des Warschauer Pakts, das aus sowjetischer Sicht aber dazu diente, das weiterhin bestehende globale Übergewicht der USA und des Westens auszubalancieren.

Diesem Ziel diente dann auch die Ersetzung der alten sowjetischen Mittelstreckenraketen durch die mit Mehrfachsprengköpfen ausgestattete SS 20, ein Vorgang, der indessen auf die friedliche Koexistenz zwischen den Blöcken in einem relativen militärischen Gleichgewicht destabilisierend wirkte – die SS 20 bedrohte zwar nicht die USA, aber das westliche Europa – und, nach dem Scheitern amerikanisch-sowjetischer Verhandlungen, ab 1983 die Aufstellung der bereits länger entwickelten, sehr präzisen und sogar das westliche Territorium der UdSSR erreichenden Pershing 2 und Cruise Missiles nach sich zog bzw. ermöglichte (NATO-Doppelbeschluss vom Dezember 1979) – trotz der Massenproteste insbesondere in Westdeutschland.

Gleichzeitig erschütterten der traditionalistische und zunehmend islamistische, amerikanisch munitionierte Widerstand gegen die sowjetische Invasion Afghanistans und die antidiktatorische Arbeiterbewegung der Solidarność in Polen den Ost-West-Status quo, zumal seit 1981, nach dem 1979 in Großbritannien erfolgten Regierungswechsel zu Margaret Thatcher, in den USA Ronald Reagan am Ruder war, der sich mit gigantischen Aufrüstungsprogrammen anschickte, die Sowjetunion in die Knie zu zwingen. (Die Wiederbelebung des offenen Kalten Krieges, forciert durch die beiden genannten Politiker*innen ging Hand in Hand mit ihrer Rolle beim Übergang zum neoliberalen, zunehmend deregulierten Wirtschafts- und Gesellschaftsmodell in Gestalt des finanzmarktgesteuerten Kapitalismus.) Währenddessen sind kontinental-europäische Regierungen, auch liberal-konservative, blockübergreifend bestrebt gewesen, den Konflikt der Supermächte zu dämpfen, und die in der ersten Hälfte der 1970er-Jahre geschaffenen Strukturen der Koexistenz und Kooperation zu erhalten.

Just in den Jahren zunehmend gefährlicher Konfrontation, bevor die kühne Entspannungs- und Abrüstungsinitiative Michail Gorbatschows alles änderte, startete die von der UNO unter dem Vorsitz des langjährigen schwedischen Ministerpräsidenten Olof Palme gebildete und nach ihm benannte sicherheits- bzw. friedenspolitische internationale Kommission. Vorangegangen war der Bericht einer Kommission zur Problematik und Neugestaltung des globalen Nord-Süd-Verhältnisses unter Vorsitz von Willy Brandt: »Das Überleben sichern« (1980). Es folgte der Bericht der Weltkommission für Umwelt und Entwicklung unter Leitung der früheren Ministerpräsidentin Norwegens, Gro Harlem Brundtland (1987). Alle drei Berichte hatten den Weltfrieden im Auge; im engeren Sinn war das der Gegenstand der Palme-Kommission.

Ihr gehörten meist nicht mehr im Amt befindliche Spitzenpolitiker*innen und politische Expert*innen aus den USA (Cyrus Vance, 1977–1980 Außenminister unter Jimmy Carter), der UdSSR (Georgij Arbatov, Politikwissenschaftler und Berater von fünf Parteiführern der KPdSU), Großbritanniens und Frankreichs sowie weiterer westlicher Länder und Polens (Jozef Cyrankiewicz, langjähriger Ministerpräsident), doch auch aus Asien, Afrika und Lateinamerika an. Aus Westdeutschland war Egon Bahr berufen worden, einer der wichtigsten Konzeptoren, Strategen und Praktiker der neuen Ostpolitik der Bundesrepublik.

Die Palme-Kommission analysierte in ihrem 1982 veröffentlichten Bericht das Versagen der beteiligten Mächte während der vorangegangenen dreieinhalb Jahrzehnte, einen stabilen Frieden zu schaffen – zwangsläufig ausgedrückt in Kompromissformulierungen, doch nicht substanzlos, und erarbeitete konkrete Vorschläge für Rüstungskontrolle, die Abschaffung bzw. das Verbot bestimmter Waffengattungen, militärisch verdünnte Zonen und verifizierte Abrüstung. Ein Schlüsselsatz lautet: »Sicherheit ist [im atomaren Zeitalter] nicht mehr gegen den Gegner, sondern nur noch mit dem Gegner möglich.« Egon Bahr machte mehrere darüber hinausgehende Vorschläge für eine wirkungsvolle atomare Abrüstung und ein Gleichgewicht in der konventionellen Ausrüstung. Am brisantesten war seine Idee, die Stationierung von Atomwaffen auf das Territorium der Besitzerstaaten zu beschränken. Diese Anstöße fanden zwar die Zustimmung der Kommissionsmehrheit, scheiterten aber am US-amerikanischen und am sowjetischen Mitglied. (Zwar gehörten alle dem Gremium als Privatleute an, aber der kurze Draht zu den jeweiligen Regierungen war einkalkuliert und gewünscht.)

Das Konzept Gemeinsame Sicherheit unterstellte ein übergreifendes elementares Interesse am gesicherten Überleben, und benannte, davon ausgehend, mehrere Verhaltensgrundsätze: Weil militärische Gewalt kein legitimes Mittel zur Lösung zwischenstaatlicher Kontroversen sei und allen Nationalstaaten das Recht auf Sicherheit zustünde, gelte es, die Zurückhaltung zur Maxime aller Außenpolitik zu machen. Nur wenn bewusst auf die Erlangung militärischer Überlegenheit verzichtet und stattdessen eine Parität angestrebt werde, sei Sicherheit für alle realisierbar, wünschenswerterweise auf dem niedrigst möglichen Rüstungsniveau. Das beinhaltete ein Plädoyer für Reduzierungen und qualitative Beschränkungen von Waffensystemen. Bemerkenswert ist die Mahnung, keine Verknüpfungen zwischen Abrüstungsverhandlungen und dem internationalen Verhalten im Allgemeinen herzustellen. »Aufgabe der Diplomatie ist es, Konflikte zu isolieren und zu unterteilen, nicht, sie zu verallgemeinern und sich anhäufen zu lassen. Sie mit allgemeineren Problemen in Verbindung zu bringen, hieße den diplomatischen Handlungsspielraum eher einengen als erweitern.«

Und gewissermaßen als Fazit: »Der Frieden kann nicht durch militärische Konfrontation erzielt werden. Vielmehr gilt es, sich ständig um Frieden zu bemühen in einem unablässigen Prozess des Verhandelns, der Annäherung und der Normalisierung mit dem Ziel, gegenseitiges Misstrauen und gegenseitige Angst abzubauen. Wir sehen uns gemeinsamen Gefahren gegenüber und müssen uns folglich auch gemeinsam um unsere Sicherheit bemühen.« Gemeinsame Sicherheit war somit nicht lediglich als Ergänzung der älteren Vorstellung eines Gleichgewichts durch wechselseitige Abschreckung gedacht, sondern als Alternative.

Vielleicht noch brisanter als die Gespräche und Ergebnisse der Palme-Kommission waren die detaillierten Arbeitsgespräche, die Spitzenmilitärs der NATO und der Sowjetunion bzw. Russlands vor über drei Jahrzehnten im Rahmen zweier mehrjähriger Serien von Expertenworkshops miteinander führten. Die beiden Workshopserien unter dem Dach des European Center for International Security wurden bezeichnet als Joint Analysis of Conventional Stability (JACOS) und Joint Simulation (JOSIM). Die Beteiligten waren also hochrangige Profis, die wussten, wovon sie sprachen, das über Jahre in wechselseitigem Respekt lösungsorientiert taten und dabei den Vertrag über konventionelle Streitkräfte in Europa (KSE-Vertrag) mit vorbereiteten, der anlässlich des KSZE-Gipfeltreffens in Paris am 19. November 1990 unterzeichnet wurde.

Diese und ähnliche Ansätze in den 1980er- und frühen 1990er-Jahren hatten nicht mehr nur ein militärisches Gleichgewicht in Europa bzw. weltweit im Auge, sondern unter dem Leitbegriff der strukturellen Nichtangriffsfähigkeit eine stabile Friedensordnung. Dabei ging und geht es vorrangig darum, durch beiderseitige kontrollierte Ab- und Umrüstung die Fähigkeit zu offensiven militärischen Operationen großen Stils zu beseitigen, insbesondere Überraschungsangriffe unmöglich zu machen.

Zum Zeitpunkt der erwähnten Pariser Konferenz, die mit der Charta von Paris ein qualitativ neues Ost-West-Verhältnis einzuläuten schien, durfte die sowjetische Führung, noch repräsentiert und verkörpert von Michail Gorbatschow, davon ausgehen, dass in absehbarer Zeit ein gesamteuropäisches bzw. die nördliche Hemisphäre umfassendes Sicherheitssystem nicht nur den in Auflösung befindlichen Warschauer Pakt, sondern auch die NATO ersetzen, genauer: die Allianzen erst überwölben und später überflüssig machen würde. Neben der desaströsen ökonomischen und Ernährungslage im Innern der UdSSR dürfte diese Erwartung der Grund dafür gewesen sein, dass der

Kreml seinen letzten großen Trumpf aus der Hand gab und der NATO-Mitgliedschaft des wiedervereinigten Deutschland zustimmte, die für die USA eine conditio sine qua non war.

Es ist gesichert, dass die einzige wirkliche Sorge der USA der möglichen Schwächung der NATO durch Ausscheiden Deutschlands oder gar ihre Auflösung, damit eventuell dem Verlust der »strategischen Gegenküste« in Europa und des militärischen Instruments der amerikanischen Hegemonie galt. Es wird heute kaum noch gesehen, welche ungeheure Konzession die Sowjetunion 1990 mit der Hinnahme der gesamtdeutschen NATO-Mitgliedschaft gemacht hat. (Reste eines Sonderstatus Ostdeutschlands wurden im Zwei-plus-vier-Vertrag, faktisch der Ersatz des ausstehenden Friedensvertrags, festgeschrieben.)

Die NATO-Apologeten reiten heute darauf herum, dass es kein rechtlich oder politisch bindendes Dokument gibt, mit dem sich der Westen verpflichtete, eine weitere Ost-Ausdehnung der Atlantischen Allianz zu unterlassen. Das trifft zu, ebenso, dass die von der sowjetischen Kuratel befreiten Staaten des östlichen Mitteleuropa und Südosteuropas eingedenk ihrer historischen Erfahrungen aus freien Stücken in die NATO strebten, betrieben übrigens von politisch unterschiedlichen Kräften. Es kam seit den späten 1990er-Jahren zu mehreren Erweiterungen des NATO-Territoriums gen Osten, von dem unter der Präsidentschaft Boris Jelzins angesichts der insbesondere sozial chaotischen Zustände weiter geschwächten Russland zunächst toleriert. Dabei war die NATO einige Jahre bemüht, die Osterweiterung politisch und militärisch in einer Weise durchzuführen, die für Russland erträglich wäre.

Auch wenn das NATO-Bündnis nicht auf das Führen von Angriffskriegen ausgerichtet ist, liegt auf der Hand, dass die beträchtliche Verschiebung des Kräfteverhältnisses durch Ausdehnung der westlichen Allianz als Schwächung Russlands und potenzielle Bedrohung wahrgenommen worden ist, keineswegs nur vom neuen Kreml-Führer Wladimir Putin (seit 1999/2000) und seinem engeren Umfeld. Von einer konventionellen Überlegenheit Russlands in Europa, wie sie zur Zeit des alten Ost-West-Konflikts – wenn auch nicht in dem von der NATO-Propaganda behaupteten Ausmaß – bestand, kann längst keine Rede mehr sein, und die Perspektive einer NATO-Mitgliedschaft sogar Georgiens und der Ukraine seit 2008 hat in Moskau sämtliche Alarmglocken in Bewegung gesetzt.

Alles das, wie auch die Entwicklung der Beziehungen seitdem zwischen der NATO und der EU einerseits, Russland andererseits, wozu die völkerrechtswidrige, obgleich anscheinend dem Wunsch der dortigen Bevölkerungsmehrheit entsprechende Krim-Annexion und die russisch orchestrierte Separierung der Ostukraine (nach dem prowestlichen Umsturz in Kiew durch die Maidan-Bewegung vom Winter 2013/14) gehören wie die hartnäckige

Ignorierung elementarer russischer Sicherheitsinteressen seitens der NATO, kann den unprovozierten Angriff auf die Ukraine in keiner Weise rechtfertigen.

Dass das russische, im Innern zunehmend diktatorische Regime eines korrupten Oligarchen-Kapitalismus – nicht nur reaktiv – aufgrund einer imperialen Agenda nach außen als aggressive und destruktive Macht in Erscheinung tritt, ist offensichtlich. Währenddessen droht die neue, von US-amerikanischen Interessen, namentlich im Hinblick auf die Auseinandersetzung mit der kommenden Weltmacht China, diktierte Doktrin einer weltweiten Konfrontation zwischen Freiheit und »Autokratie« jede Möglichkeit pragmatischer Verständigung zu verbauen. Das System, insbesondere das Wirtschaftsmodell, Chinas unterscheidet sich von dem Russlands in vieler Hinsicht, wie auch die Unterschiede zwischen repräsentativen Demokratien ganz erheblich sind, etwa im Menschenrechtsverständnis.

Die Feststellung, es sei unvermeidlich, den Gegensatz zu den autoritär regierten Staaten als ideologische und Systemauseinandersetzung anzunehmen und auszutragen, beinhaltet faktisch die Kapitulation vor der seit etlichen Jahren wieder zunehmenden Atomkriegsgefahr, vor der dramatischen Umwelt- bzw. Klimakrise und vor der weltweiten wie jeweils innerstaatlichen sozialen Polarisierung mit teils absoluter, teils relativer Verarmung breiter Schichten. Es ist undenkbar, diese Herausforderungen zu bestehen ohne die Einbeziehung Chinas (wie auch Indiens) und Russlands mit seinem Riesenterritorium, seinen Bodenschätzen und seinem gewaltigen Atomwaffenarsenal.

Die drei erwähnten UNO-Berichte aus den 1980er-Jahren, insbesondere der Bericht der Palme-Kommission, liefern auch in der gegenwärtigen Lage Anhaltspunkte für das angemessene Herangehen an die existenziellen Menschheitsprobleme nun des 21. Jahrhunderts. Und wie seinerzeit emanzipatorische Basisbewegungen in beiden Sphären, die sich von der lähmenden Blocklogik frei machten, zweifellos dazu beitrugen, dass die Regierungen in Ost und West – hierzulande mit einer Art doppeldeutscher Dämpfungspolitik trotz »Nachrüstung« der NATO und »Nach-Nachrüstung« des Warschauer Pakts – partiell auf deren Anliegen reagierten, so muss der Druck zur Umsteuerung heute von unten, aus den Völkern bzw. Zivilgesellschaften kommen.

Im vergangenen Jahr erschien, 40 Jahre nach dem Palme-Report, ein zweiter Bericht unter dem Titel »Gemeinsame Sicherheit 2022«, organisiert vom Internationalen Gewerkschaftsbund, dem Internationalen Friedensbüro und dem Internationalen Olof Palme Center in Stockholm. Der Kommission gehörten 18 einschlägig qualifizierte und engagierte Personen aus allen Kontinenten an. Der Palme-Bericht II enthält einen Appell an die Weltgemeinschaft, »die internationale Ordnung in den Griff [zu] bekommen, um Kriege zu verhindern, die globale Erwärmung aufzuhalten, Pandemien zu bekämpfen und globale Herausforderungen zu bewältigen«. Eine UN-Sonderversammlung zu den Themen Abrüstung, Entspannung und Sicherheit solle eine jährliche Senkung der Militärausgaben verbindlich festlegen, um die frei werdenden Mittel für die Finanzierung nachhaltiger Entwicklung, des Übergangs zu klimafreundlichen Arbeitsplätzen und der generellen Friedenskonsolidierung zu verwenden.

Der Palme-Bericht II stellt mehrere fundamentale Prinzipien heraus, die einer globalen Friedensordnung, fußend auf einem multilateralen Sicherheitssystem, zugrunde zu legen wären: ein humanitäres Völkerrecht, die Unverletzlichkeit bestehender Staatsgrenzen, das Verbot, Gewalt anzuwenden, die Abwendung einer Klimakatastrophe, nachhaltige Entwicklung sowie eine integrative und demokratische Gesellschaftsordnung. Das derzeitige internationale Regime müsse »überarbeitet werden, um Kriege zu verhindern und die gemeinsamen Sicherheitsinteressen zu wahren«.

Europa kommt dabei eine besondere Verantwortung zu: nicht nur wegen der wieder aktuellen Konfrontation der erweiterten NATO mit Russland (und umgekehrt), sondern auch wegen der hier vorhandenen technischen Möglichkeiten, umzusteuern. Ferner sind mit der EU und der OSZE (in der Nachfolge der KSZE der 1970er- und 1980er-Jahre) Organisationen entstanden, die ausbaufähig sind und einen Vorbildcharakter besitzen. In weiterer Perspektive könnten sie und weitere regionale Friedenszusammenschlüsse dazu führen, bestehende Militärbündnisse erst einzubinden und dann aufzulösen. Auch die Verschmelzung einer gründlich formierten Atlantischen Allianz mit der wiederbelebten OSZE ist prinzipiell denkbar, und nach 1990 mit dem von verschiedener Seite vorgeschlagenen Beitritt Russlands zur NATO (der deren Charakter grundlegend verändern würde) wiederholt ins Auge gefasst worden.

Es liegt auf der Hand, dass der blutige Angriffskrieg Russlands gegen die Ukraine derzeit alle Bemühungen, für die direkt und indirekt Beteiligten Sicherheit zu schaffen, blockiert. Neben der unmittelbaren Kriegsschuld, die offensichtlich ist, müssen indessen die Vorgeschichte und damit die tieferen Ursachen sowie der weltpolitische Zusammenhang mitbedacht werden, auch im Hinblick auf die Bedingungen, unter denen – im Anschluss an einen Waffenstillstand – einst Frieden geschlossen werden kann. Ein Friedensschluss, der die Lösung der Probleme nicht nur aufschöbe, sondern beiderseits akzeptabel löste, würde einen konstruktiven Neuanfang in den Beziehungen des Westens zu Russland (und indirekt zu China) enorm erleichtern. Wahrscheinlich ist eine solche Wendung zum Besseren derzeit nicht.

Insofern müsste die Auflösung des Knotens auch auf dem umgekehrten Weg versucht werden, ganz im Sinne der beiden Palme-Berichte: Die Schaffung eines stabilisierten, einvernehmlich veränderten Kräfteverhältnisses, wobei auf die sehr konkreten Überlegungen vor drei bis vier Jahrzehnten über strukturelle Nichtangriffsfähigkeit zurückgegriffen werden könnte, würde die objektiv vorhandene potenzielle Bedrohung Russlands ebenso aufheben, wie sie allen künftigen eventuellen Expansionsbestrebungen Russlands einen Riegel vorschieben würde. Da offenbar der befürchtete Gesichtsverlust für Putin ein großes Hindernis darstellt, über für die Gegenseite akzeptable Friedensbedingungen nachzudenken, könnte dieser Ansatz eventuell auch insofern einen Ausweg eröffnen. Denn Russland selbst fordert seit Langem den Aufbau einer »europäischen Friedensordnung«.

Literatur

Brandt, Peter/Gießmann, Hans-Joachim/Neuneck, Götz (Hrsg.) (2022): »... aber eine Chance haben wir«. Zum 100. Geburtstag von Egon Bahr, Bonn.

Bahr, Egon/Dieter S. Lutz (Hrsg.) (1986f.): Gemeinsame Sicherheit, 3 Bde., Baden-Baden.

Gemeinsame Sicherheit (2022): in: www.endinfo.net/blog/new-report-common-security-for-our-shared-future, 8. Juni 2022.

Greiner, Bernd (2021): Made in Washington. Was die USA seit 1945 in der Welt angerichtet haben, München.

Müller, Michael/Brandt, Peter/Braun, Reiner (2022): Selbstvernichtung oder Gemeinsame Sicherheit. Unser Jahrzehnt der Extreme: Ukraine-Krieg und Klimakrise, Frankfurt a.M.

Niedhart, Gottfried (2019): Durch den Eisernen Vorhang. Die Ära Brandt und das Ende des Kalten Krieges, Darmstadt.

Palme-Bericht (1982): Bericht der Unabhängigen Kommission für Abrüstung und Sicherheit, Berlin.

Stöver, Bernd (2017): Der Kalte Krieg. Geschichte eines radikalen Zeitalters 1947-1991, München.

Wipperfürth, Christian (2011): Russlands Außenpolitik, Berlin.

Autor*innen

Barbara Majd Amin ist Koordinatorin der Berliner Friedenskoordination und aktiv in der AG Frieden der GEW Berlin.

Walter Baier ist Ökonom in Wien. Er war von 1994 bis 2006 Vorsitzender der Kommunistischen Partei Österreichs und von 2007 bis 2020 politischer Koordinator des Netzwerkes transform! europe. Im Dezember 2022 wurde er zum Vorsitzenden der Partei der Europäischen Linken gewählt.

Peter Brandt ist Historiker und Professor im Ruhestand für Neuere und Neueste Geschichte an der Fernuniversität in Hagen. Er ist Mitinitiator der Appelle »Für eine neue Entspannungspolitik«, »Abrüsten statt Aufrüsten und Frieden schaffen«.

Sevim Dagdelen ist Mitglied des Deutschen Bundestags für die Fraktion DIE LINKE und Sprecherin für Abrüstungspolitik und Sprecherin für Internationale Politik der Fraktion.

Martin Hantke ist Politologe und im Beirat der Informationsstelle Militarisierung.

Lühr Henken ist Ko-Sprecher des Bundesausschusses Friedensratschlag , Herausgeber der Kasseler Schriften zur Friedenspolitik und arbeitet mit in der Berliner Friedenskoordination.

Uwe Hiksch ist Mitglied im Bundesvorstand der NaturFreunde Deutschlands und seit vielen Jahrzehnten aktiv bei »Aktion Aufschrei – Stoppt den Waffenhandel« und im Trägerkreis »Atomwaffen abschaffen!«. Er ist Sprecher des Marxistischen Forums und war von 1994 bis 2002 Mitglied im Deutschen Bundestag.

Yannick Kiesel ist Organisator der Aktion »Frieden in Bewegung« und Mitglied im Bundesvorstand der NaturFreunde Deutschlands.

Marion Küpker ist Friedensreferentin und aktiv im Trägerkreis Atomwaffen abschaffen! Und der Kampagne Büchel ist überall! atomwaffenfrei.jetzt sowie in der Gewaltfreien Aktion für die Abschaffung von Atomwaffen (GAAA).

Michael Müller ist Bundesvorsitzender der NaturFreunde Deutschlands, war von 1983–2009 Mitglied des Deutschen Bundestages und von 2005 bis 2009 Parlamentarischer Staatssekretär im Bundesministerium für Umwelt, Naturschutz und Reaktorsicherheit.

Lore Nareyek ist aktiv in der AG Frieden der GEW Berlin und in der Arbeitsgruppe Berufsverbote der GEW Berlin.

Friedrich Steinfeld ist Diplom-Psychologe, Supervisor und Mediator sowie Mitglied der Sozialistischen Studiengruppen e.V.

Jörg Tetzner ist stellvertretender Vorsitzender des Vereins Schule in Not und aktiv in der GEW Berlin.

Peter Wahl studierte Gesellschaftswissenschaften und Romanistik. Er war Mitbegründer und Vorstandsmitglied der Nichtregierungsorganisation Weltwirtschaft, Ökologie & Entwicklung (WEED) und Gründungsmitglied und Mitglied des Koordinierungskreises von Attac Deutschland.

VSA:
Wolfgang Müller
China: neuer Hauptfeind des Westens?
Nach 100 Jahren Erniedrigung will das Land der Welt auf Augenhöhe begegnen

Krzysztof Pilawski/Holger Politt
Ein Krieg, der keiner sein sollte
Russlands Überfall auf die Ukraine aus Sicht unmittelbarer Nachbarn
VSA: